AF325791

BIBLIOTHÈQUE SOCIOLOGIQUE INTERNATIONALE
Publiée sous la direction de M. RENÉ WORMS
Secrétaire-Général de l'Institut International de Sociologie

XX

LA
MORALE D'UN ÉGOISTE

ESSAI DE MORALE SOCIALE

PAR

H. LAPLAIGNE
MEMBRE DE LA SOCIÉTÉ DE SOCIOLOGIE DE PARIS

> « Omne animal simul ut ortum est, seipsum
> « et omnes suas partes diligit. — Tout animal,
> « aussitôt né, s'aime dans toutes les parties de
> « son être. »
>
> CICÉRON.

> « Tous les hommes recherchent d'être heu-
> « reux; cela est sans exception. Quelques dif-
> « férents moyens qu'ils y emploient, ils tendent
> « tous à ce but. Ce qui fait que les uns vont à
> « la guerre et que les autres n'y vont pas est
> « ce même désir qui est dans tous les deux,
> « accompagné de différentes vues. La volonté ne
> « fait jamais d'autre démarche que vers cet
> « objet. C'est le motif de toutes les actions de
> « tous les hommes jusqu'à ceux qui vont se
> « pendre. »
>
> PASCAL.

PARIS

V. GIARD & E. BRIÈRE
LIBRAIRES-ÉDITEURS
16, rue Soufflot, 16

1900

LA

MORALE D'UN ÉGOÏSTE

ESSAI DE MORALE SOCIALE

BIBLIOTHÈQUE SOCIOLOGIQUE INTERNATIONALE
Publiée sous la direction de M. RENÉ WORMS
Secrétaire-Général de l'Institut International de Sociologie
XX

LA
MORALE D'UN ÉGOISTE

ESSAI DE MORALE SOCIALE

PAR

H. LAPLAIGNE

MEMBRE DE LA SOCIÉTÉ DE SOCIOLOGIE DE PARIS

« Omne animal simul nt ortum est, seipsum
« et omnes suas partes diligit. — Tout animal,
« aussitôt né, s'aime dans toutes les parties de
« son être. »

CICÉRON.

« Tous les hommes recherchent d'être heu-
« reux; cela est sans exception. Quelques dif-
« férents moyens qu'ils y emploient, ils tendent
« tous à ce but. Ce qui fait que les uns vont à
« la guerre et que les autres n'y vont pas est
« ce même désir qui est dans tous les deux,
« accompagné de différentes vues. La volonté ne
« fait jamais d'autre démarche que vers cet
« objet. C'est le motif de toutes les actions de
« tous les hommes jusqu'à ceux qui vont se
« pendre. »

PASCAL.

PARIS

V. GIARD & E. BRIÈRE

LIBRAIRES-ÉDITEURS
16, rue Soufflot, 16

1900

« Nous pénétrons au fond des choses par un chemin long et dif-
« ficile ; puis quand nous énonçons la vérité que nous avons at-
« teinte, nous sommes étonnés de n'être pas toujours compris :
« c'est qu'une vérité n'est rendue évidente que par le souvenir du
« chemin qui y conduit ».

Comtesse DIANE.

« Un bon livre n'est pas celui qui persuade tout le monde, au-
« trement il n'y aurait point de bon livre : c'est celui qui satisfait
« complètement une classe de lecteurs à qui l'ouvrage s'adresse
« particulièrement, et qui du reste ne laisse douter personne de la
« bonne foi parfaite de l'auteur, ni de l'infatigable travail qu'il
« s'est imposé pour se rendre maître de son sujet, et lui trouver
« même, s'il était possible, quelques faces nouvelles ».

X. de MAISTRE.

« De même que le dernier soldat d'une armée peut quelquefois
« d'une flèche embrasée détruire la plus solide forteresse de
« l'ennemi, — de même l'homme le plus faible, quand il se fait le
« champion courageux de la Vérité, peut renverser les plus solides
« remparts de la superstition et de l'erreur ».

MANOU.

Cette œuvre n'est pas définitive. Nous la plaçons sous le patronage de tous ceux qui ne s'effraient pas de la recherche de la Vérité ; et c'est sur leurs conseils, leurs critiques que nous comptons pour la parfaire.

AVANT-PROPOS

Le Raisonnement philosophique est un des abus les
plus funestes que l'homme ait jamais faits de la raison. C'est la toile plus ou moins habilement tissée où
la vérité et la raison se cachent. Depuis 3000 ans et
plus que les hommes raisonnent, qu'est-il resté ? —
Des pensées, approuvées par les uns, condamnées par
les autres, subsistant néanmoins ; mais des raisonnements, qui en a cure ? Quelles que soient les règles
que l'on ait tenté d'établir pour donner au raisonnement la force de la certitude, les raisonnements n'ont
jamais convaincu que ceux qui ne demandaient qu'à
se laisser convaincre, et encore ! D'autant que ce n'est
pas du raisonnement qu'on tire la pensée, mais que
c'est bien plutôt le raisonnement qui s'accommode à
la pensée. Le dilemme le mieux établi laisse toujours
une porte de sortie à la subtilité de notre esprit,
comme il n'est point d'induction ni de déduction si
rigoureuse qu'elle ne puisse être contestée ; et quant
au syllogisme on lui fait dire à peu près ce que l'on
veut. D'ailleurs ce qu'un raisonnement établit, un
autre le détruit, en sorte que le raisonnement n'a pu
aboutir jusqu'ici, — et il semble bien que ce soit dé-

finitif, — qu'à démontrer son impuissance à faire
éclater la vérité. Ce qui est pour l'un raisonnement
pur est pour l'autre pur sophisme, suivant que la
conclusion en est pour ou contre nos idées pré-
conçues. C'est ce qui fait que tant de gens ne croient
à rien, ou, par besoin de croire à quelque chose,
s'en tiennent aux idées de leur éducation première.
De là ces deux p..ies sociales : le scep.ique et le
croyant. — Mais si vous aurez su ordonner, enchaîner
vos pensées, de telle façon que le lecteur en ayant
accepté sans conteste un certain nombre, les autres
s'imposent nécessairement à son esprit, rien ne pré-
vaudra plus contre la force de conviction ainsi acquise.

On a prétendu traiter la philosophie comme une
science, et l'on ne s'est pas aperçu ou l'on a feint de
ne pas s'apercevoir que si les chiffres, représentant une
valeur toujours la même, constituent une base solide
pour construire, les mots, avec leurs sens multiples,
laissent toujours ouvert un passage à l'erreur. Suivant
ce que l'on veut prouver, on force la signification de
tel ou tel mot dans un sens ou dans l'autre, et partant
des mêmes principes on aboutit à des conclusions
différentes. La difficulté que l'on a à s'entendre, — je
dis entre gens animés d'un égal désir de s'éclairer, —
ne provient souvent pas d'une autre cause. Les définitions les plus rigoureuses ne permettent pas toujours
d'obvier à cette cause d'erreur, en sorte qu'il semble
bien que nous ne devions vraiment nous élever à la
dignité d' « animal raisonnable », que lorsque nous
aurons cessé d'être des êtres raisonneurs. Mais jamais

du raisonnement la vérité n'a lui. L'erreur en vit et la raison en meurt. — Comment donc sollicitée par tant de conceptions diverses et de raisonnements contradictoires, la conscience humaine pourrait-elle se reconnaître et se fixer? Toutefois à la condition de ne voir dans notre manie de raisonner qu'un simple jeu d'esprit, un agréable passe-temps, le raisonnement cesse alors d'être un jeu dangereux. Mais l'homme qui prend au sérieux ses propres raisonnements, gonflé de vanité et superbe d'inconscience, est un fléau pour lui et pour les autres.

*
* *

Qu'importe au surplus l'impeccabilité du raisonnement, si la conclusion en est telle qu'elle offense ce que nous croyons être le bon sens et la raison? Nous pouvons nous y laisser prendre un moment, mais l'impression dure peu. La conclusion n'est en fait que la pensée que nous voulons transmettre à nos lecteurs ou à nos auditeurs ; plus elle se noie dans le raisonnement, plus elle nous met en défiance, et nous nous demandons sagement alors si la vérité ainsi parée, si le clinquant des beaux discours en flattant nos oreilles et charmant notre esprit, n'a pas surtout pour effet de troubler notre raison. La vérité est belle de sa seule beauté : elle se suffit à elle-même.

Aussi bien dans l'ordre social, tel qu'il est constitué, comme dans l'ordre moral, tel qu'il est entendu, tous les rouages sont faussés : tout n'est que contradictions et mensonges. Étonnons-nous donc après cela que le mal de tous côtés fonde sur nous. Il est au contraire la conséquence fatale, nécessaire de l'erreur qui nous inonde ; et la vérité seule peut le vaincre. En attendant ce ne sont partout que raisonnements faux sur principes faux. Comment s'expliquer autrement qu'on ne puisse s'entendre sur rien ? A ce propos quoi de plus suggestif que les : « Applaudissements à gauche, dénégations à droite », ou *vice versa*, dont se trouve émaillé chaque compte rendu de nos séances parlementaires ! Il est peu de questions où, suivant le point de vue où l'on se place, on ne puisse défendre avec le même succès le pour ou le contre, sans qu'ils soient ni plus vrais ni plus faux l'un que l'autre. Et qu'il nous arrive d'entendre deux orateurs d'égale éloquence plaider deux thèses contradictoires, si nous n'avons sur la question ni opinion préconçue ni intérêt à donner raison à l'un plutôt qu'à l'autre, nous demeurons perplexes. Enfin les raisonnements, voire même les plus serrés, n'aboutissent souvent qu'à l'absurde. Heureux encore quand, à ce jeu, nous ne trompons que les autres et nous sauvons nous-mêmes.

*
* *

Il est bien entendu que dans cette discussion nous ne prétendons, — ce qui serait atteindre toute la science, — attaquer en rien cette forme du raisonnement qui, s'appuyant sur des faits acquis, consiste à produire des arguments, exposer des motifs, développer des causes de penser ou d'agir dans un sens ou dans l'autre. Mais nous estimons que, dans une œuvre de pur esprit, comme est la nôtre, la pensée, partout

où elle peut suffire, est supérieure au raisonnement.
Il est en effet évident qu'il est plus facile à l'homme
de culture moyenne, — et c'est à ceux-là surtout que
ce livre s'adresse, — de juger une pensée que de
suivre un raisonnement. Heureux si je trouve un écho
dans leur esprit ou leur cœur, si en me lisant ils ont
la sensation que je traduis fidèlement leurs sentiments
et leurs pensées ; plus heureux encore s'il m'est donné
d'amener à la lumière quelques consciences obscures.
— Quant aux hommes de science, aux esprits supérieurs qui me liront, si ma pensée leur apparaît juste,
qu'est-il besoin de la faire valoir par le raisonnement ? S'ils estiment, au contraire, qu'elle est fausse,
je ne leur ferai par l'injure de croire que le raisonnement le plus subtil eût pu la leur faire accepter. Le
raisonnement autour d'une pensée claire peut servir à
mettre en relief la finesse, la science, l'érudition de celui qui le tient ; mais il fatigue le lecteur et ne sert en
rien à la manifestation de la vérité.

*
* *

L'auteur de ce livre se défiait trop de son propre
raisonnement ; il s'en est trop souvent servi lui-même,
par amour de la controverse, pour ou contre la raison,
pour n'en point faire usage ici le moins possible.
Aussi s'efforce-t-il toujours d'exprimer sa pensée simplement, clairement et sans détour, laissant au lecteur
le choix de l'approuver ou de la condamner, suivant
son jugement personnel, suivant les lumières de sa
propre raison. C'est par la force de la pensée que
nous voulons convaincre, et non point par l'éclat du
langage ou la subtilité du raisonnement. Nous faisons

appel à la raison qui juge, et ne demandons rien à la raison qui raisonne.

*
* *

Ajoutons que si, par l'observation et la raison, un homme est arrivé à se pénétrer profondément de la vérité de certaines idées et de certains faits, il sera naturellement conduit à rejeter comme faux tout ce qui lui apparaîtra inconciliable avec ces idées et ces faits, mais au contraire à tenir pour vrai tout ce qui s'harmonisera avec eux. Telle est la méthode que nous avons suivie dans cette étude.

*
* *

Si par surcroît les données de l'observation et de la raison pure se trouvent confirmées par les démonstrations de la science, n'y a-t-il point pour le chercheur de vérité le gage de certitude le plus complet et le plus absolu auquel il puisse prétendre? Ce but, nous croyons l'avoir atteint. Que nos lecteurs soient nos juges.

INTRODUCTION

—

Pensées préliminaires et définitions.

———

Il n'existe point une *Loi morale*, immuable, éternelle, gravée par Dieu au cœur de l'homme ; mais les
philosophes ont trouvé commode d'en imaginer une,
et pour ceux-là seuls qui y croient, elle existe (1).

..

Il n'y a de *Droits* et de *Devoirs* que ceux qui sont
utiles à la bonne harmonie des hommes dans la société.
(A quoi pourrait-il bien servir qu'il y en eût d'autres ?)

Ils sont *obligatoires* pour tous, parce que tous sont
intéressés à cette bonne harmonie.

(1) Sur la foi en la loi morale, les philosophes spiritualistes,
idéalistes ont édifié une morale, que dis-je ! des morales fort
séduisantes, mais aussi vaines qu'elles sont belles. Elles ne sont
en effet qu'à la portée des gens qui n'en ont pas besoin, et leur
effet est nul, dès qu'elles ne sont pas renforcées par les leçons du
catéchisme et la crainte de l'enfer. Je ne contesterai pas d'ailleurs
à ces philosophes le parfait enchaînement de leurs idées non plus
que la logique de leurs conclusions. Mais il suffira que dans le cours
de ce travail nous ayons démoli une seule de leurs croyances, pour
que tout l'édifice s'écroule, et soit réduit à néant le principe sur
lequel il repose.

J'ai donc le *droit* d'accomplir toute action qui ne peut troubler cette harmonie, et le *devoir* de faire tout ce qui peut contribuer à l'entretenir et à l'améliorer (1).

Il ne peut pas plus être permis de renoncer à l'exercice d'un droit que de se soustraire à un devoir ; car le fait de ne pas revendiquer un droit, en outre qu'il peut léser quelqu'un et constituer une violation du devoir, fortifie l'iniquité, la grande source des désordres sociaux.

La Justice est fille du Devoir et du Droit (2). Quand j'agis conformément à mon droit, j'accomplis un acte de justice envers moi-même. Quand je remplis mon devoir, je fais acte de justice envers autrui.

Le magistrat qui, se conformant à son droit et à son devoir, rend un jugement suivant les lumières de sa raison, exerce la justice.

(1) L'abbé Raynal définit le devoir de l'homme social, l'obligation rigoureuse de faire tout ce qui convient à la Société. Le devoir ainsi entendu, dit-il, renferme la pratique de toutes les vertus, puisqu'il n'en est aucune qui ne soit utile au corps politique ; il exclut tous les vices, puisqu'il n'en est aucun qui ne lui soit nuisible.

(2) Cicéron faisait consister les fondements de la justice, d'abord à ne nuire à personne non plus qu'à soi-même, et ensuite à se consacrer tout entier au bien public.

* *

L'homme n'a pas plus le droit de se nuire à lui-même qu'il n'a le droit de nuire à autrui. Car il est impossible que le mal qu'il se fait ne rejaillise sur une partie de la société et n'en trouble ainsi la bonne harmonie (1).

* *

La vertu résulte de la pratique des devoirs. C'est cette noblesse du cœur qui nous fait trouver du plaisir dans leur accomplissement.

On peut encore ramener la vertu à la recherche des plaisirs nobles.

Nos qualités, nos vertus, c'est tout ce qui nous rend meilleurs ou plus parfaits, — tout ce qui nous élève intellectuellement et moralement.

* *

La sagesse est une modération constante dans nos désirs comme dans nos actions; mais ce n'est là qu'une vertu passive.

(1) La société doit protéger l'homme contre ses propres faiblesses. Pour lui d'abord, pour elle ensuite. Tout ce qui nuit à l'individu nuit à l'espèce. L'homme n'a donc pas le droit de se nuire à lui-même. Et lorsque la société intervient par exemple pour empêcher un homme de se livrer à tels excès, qui peuvent ruiner sa santé ou détruire sa raison, elle n'empiète pas sur la liberté qui lui est due. Je ne reconnais pour moi que la liberté du Bien. Mais, me dira-t-on, le bien, où est-il? Qui le fixera? — Le bien, il faut le chercher dans l'utilité générale. Or c'est à la collectivité, éclairée par l'élite, qu'il appartient, par l'entremise de ses mandataires régulièrement élus, de discerner ce qui lui est utile afin de le fixer par des règlements et des lois. Sans doute elle n'est pas infaillible. Elle s'est trompée, elle se trompe, elle se

La suprême sagesse consiste à précisément connaître tous ses devoirs et à ne rien aimer autant qu'eux. Elle devient alors vertu active.

La Raison est une des facultés de l'intelligence. Elle est un don de la nature très inégalement réparti entre les hommes, en même temps qu'elle est le résultat de la culture de notre esprit et de l'étendue de nos connaissances. C'est par elle que nous exerçons notre jugement, et par elle que nous nous efforçons de distinguer le vrai du faux, le juste de l'injuste.

La raison, dans la conduite de la vie, n'est qu'un guide plus ou moins éclairé de notre égoïsme.

L'Egoïsme est un sentiment naturel qui nous porte invinciblement à rechercher en toutes choses notre plus grand bien ou notre moindre mal.

Il importe peu de discuter s'il serait désirable ou non que l'homme n'obéît pas à ce sentiment, car il y obéit toujours, il ne peut pas ne pas y obéir ; enfin il y obéit encore, lorsqu'il croit le moins y obéir. C'est à bien établir ce fait que l'auteur fera concourir toute la seconde partie de ce livre.

trompera encore. Aussi ses règlements et ses lois ne doivent-ils jamais être que temporaires, toujours modifiables au fur et à mesure que l'esprit humain fait un pas en avant dans la conception du bien. *Mais le jour où la liberté de chacun sera la liberté de tous, tous étant intéressés à donner à cette liberté l'extension la plus large possible, les hommes seront libres le plus possible.*

Qui dit homme dit égoïste (1).

Il y a seulement de bons et de mauvais égoïstes, comme il y a d'honnêtes et de méchantes gens. Il y a enfin, comme les appelle si justement M. Charles Rozan dans son beau livre « La Bonté », les égoïstes d'en haut et les égoïstes d'en bas. Les premiers seuls sont les vrais égoïstes, les seuls égoïstes intelligents.

(1) Si comme nous en avons la ferme confiance, *la Morale égoïste* devient un jour la morale généralement acceptée, ces mots : égoïsme, égoïste auront complètement perdu, comme tant d'autres mots de notre langue, leur signification primitive, avec l'idée toujours défavorable qui s'y attache, pour prendre un sens plus conforme à l'idée nouvelle qu'ils représenteraient. Ainsi à côté de la définition que nous avons donnée de l'égoïsme, nous donnerons volontiers au mot égoïste la signification suivante : 1° Egoïste, substantif, ne peut être employé qu'avec un qualificatif qui en détermine la signification dans un sens favorable ou défavorable. Ainsi l'on dirait en bonne part : C'est un digne égoïste, un admirable égoïste, un noble égoïste, — et en mauvaise part : C'est un méchant égoïste, un sot égoïste, un misérable égoïste. 2° Egoïste, adjectif est un qualificatif qui, à l'égal de « mortel » convient à tous les hommes, soit qu'ils recherchent leur bien à l'exclusion de celui d'autrui (et dans ce cas spécial il serait remplacé par son équivalent « personnel », qui ramène tout à lui-même, avec lequel il fait actuellement double emploi : Ex. Pierre est personnel, c'est un homme très personnel, vous êtes bien personnel), soit qu'ils le considèrent comme solidaire de celui d'autrui. Ex. L'homme est égoïste ; tous les hommes sont égoïstes. Mais l'on ne dirait pas : L'homme est personnel, pas plus que : Cet homme est égoïste, la qualité d' « égoïste » convenant à tous les hommes, mais non pas celle de « personnel ». On peut être plus ou moins personnel, on peut même ne l'être pas du tout, mais on n'est pas plus ou moins égoïste : L'homme est par essence égoïste, comme il est *impersonnel*, ainsi que nous l'établirons dans un chapitre spécial.

La substitution en mauvaise part de « personnel » à « égoïste » amènerait logiquement celle du mot nouveau « personnalisme » à « égoïsme ». L'égoïsme serait l'amour de soi, trouvant sa plus haute satisfaction dans l'amour d'autrui, et le personnalisme, l'amour exclusif de soi, c'est-à-dire une conception étroite et

Quant à la seconde catégorie, elle est appelée à disparaître à mesure que l'éducation, et par elle le Progrès social, élèveront davantage chez l'homme le niveau de ses facultés morales.

*\
* *

C'est son égoïsme mal éclairé qui rend l'homme méchant et malheureux ; c'est par son égoïsme mieux éclairé qu'il s'approchera de plus en plus de la perfection morale, et par elle du bonheur, qui est pour l'homme, comme pour tout être animé, l'unique objet de ses aspirations.

\.
\. \.

C'est son égoïsme mal éclairé qui pousse l'homme à rechercher son bien à l'exclusion de celui d'autrui ; et c'est par son égoïsme mieux éclairé que, s'élevant jus-

fausse de l'égoïsme. On dirait par exemple : Cet homme est d'un personnalisme révoltant. Son personnalisme le rend insociable. C'est donc le personnalisme qu'il faudrait combattre et détruire, mais au contraire exalter l'égoïsme. D'ailleurs ne semble-t-il pas que le mot latin *ego*, moi, qui a donné naissance au mot « égoïsme », renferme les germes d'une idée morale qu'on ne trouve pas dans le mot latin *persona*, d'où vient « personne » et ses dérivés ! Et en effet mon « moi » n'est pas seulement matériel ; il y a aussi en nous le « moi » moral, le « moi » intellectuel, formant avec le premier une sorte de trilogie divisible mais inséparable, de façon que, quand nous donnons satisfaction à notre esprit, à notre cœur, à nos sentiments les plus élevés, aussi bien qu'à nos intérêts et à nos sens, nous ne sortons pas de l'égoïsme. C'est ce que nous espérons établir d'une façon indubitable.

Enfin de même qu'à l' « égoïsme » nous opposons le « personnalisme » si fâcheusement entretenu et développé par l'individualisme régnant, — qu'à l'adjectif « égoïste » nous opposons « personnel », ainsi à « égoïste » substantif, nous opposerons volontiers « individualiste ». Et pour bien marquer la différence que nous entendons établir entre ces six termes deux à deux : Le

qu'à la conception de cette sublime loi sociale et morale *la Solidarité,* son plus grand bonheur ne lui apparaîtra plus que comme intimement lié au plus grand bonheur de l'humanité tout entière.

.·.

Deux choses concourent et sont nécessaires au bonheur de l'homme : PERFECTIONNER SA NATURE, PERFECTIONNER LA SOCIÉTÉ.

personnalisme est le premier degré de l'égoïsme, le plus bas. L'homme purement personnel est l'égoïste qui n'aime que soi. L'individualiste est un égoïste inférieur.

LA MORALE D'UN ÉGOÏSTE

PREMIÈRE PARTIE

L'Homme : sa nature intellectuelle et morale.

CHAPITRE PREMIER

LA PENSÉE HUMAINE

L'être humain n'est quelque chose que par ses qualités innées, — développées par l'éducation, — et le concours de certaines circonstances de temps et de milieu.

*
* *

Le cerveau est le siège de la pensée ; il est dans l'homme l'organe principal, et celui vers lequel convergent tous les autres. C'est par lui que se constitue notre être sentant, pensant, agissant. Supprimez le cerveau, tout l'être disparaît.

*
* *

L'homme est une machine à impressions, et ce sont nos impressions qui nous font agir, sentir et penser.

*
* *

Chacun sent, pense et agit en conformité de son organisme.

2.

*
* *

Tout l'homme n'est qu'un composé d'organes. Ce n'est en réalité qu'un admirable automate, sorti des mains de la nature avec le don de *sociabilité et de perfectibilité.*

*
* *

S'il est une catégorie d'individus à qui la qualité d'automate ne paraisse pas convenir, c'est certainement le penseur illustre. Et pourtant celui-ci pense avec la même facilité que la brute respire. Qu'il examine le travail qui se fait en lui : il verra que sa prétendue personnalité n'y est pour rien.

*
* *

La pensée naît d'elle-même dans le cerveau du penseur, sans effort et sans qu'il la cherche. Mais ce qu'il cherche souvent, ce sont les mots, les tournures pour la bien exprimer.

Quatre causes, en dehors de nos sensations, concourent au phénomène de la pensée : 1° L'imagination, qu'on peut appeler la faculté créatrice de la pensée ; 2° la raison, qui en règle les écarts ; 3° nos connaissances ; 4° notre moralité.

*
* *

Les deux premières sont des dons naturels, dont nous sommes très inégalement doués, susceptibles de se développer par nos connaissances et la culture de notre esprit. — Nous tirons nos connaissances de l'observation interne et externe et de l'éducation ; et c'est par notre nature et par nos connaissances que se constitue notre moralité.

*
* *

Notre pensée provient donc soit du seul fait de l'imagination, soit de l'imagination contrôlée par la raison, soit de nos connaisances, soit enfin de notre moralité.

*
* *

Notre imagination nous inspire-t-elle une pensée ! La raison la pèse, la discute, l'approuve ou la rectifie ou la condamne, et à une pensée qu'elle repousse, par association d'idées il arrive qu'elle en substitue une autre. Notre pensée s'élève avec nos connaissances et notre moralité ; quant à la pensée commune, elle n'est que le fruit de notre éducation.

*
* *

Pour expliquer le rôle de la moralité seule dans le travail de la pensée, j'aurai recours à un exemple bien vulgaire. On m'apprend qu'un grand malheur est arrivé à mon ennemi. Je m'en afflige ou je m'en réjouis suivant le degré de moralité que je tiens de la nature d'abord, puis de l'éducation. Le sentiment de plaisir ou de peine que j'éprouve fait naître en moi une pensée gaie ou triste, déterminée nécessairement par ma moralité native, modifiée par mes connaissances.

*
* *

Il peut arriver aussi que j'accueille la nouvelle avec une parfaite indifférence. L'absence de sentiment a alors pour corollaire l'absence de pensée. — « Les grandes pensées viennent du cœur, » a-t-on dit. J'ajouterai : « Et les mauvaises aussi. » L'orgueil, l'enthousiasme, l'amour, la haine, l'envie, la colère, la pitié, la luxure, tous nos sentiments, toutes nos passions sont autant de causes qui font affluer la pensée au cerveau ; mais ce sont aussi autant de faits que je crois pouvoir faire rentrer dans la moralité, puisqu'ils la constituent.

La pensée est un phénomène tout d'inspiration. Elle naît plus vite ; elle est plus profonde, plus fine, plus délicate, plus noble, plus spirituelle ou plus juste, selon que nous sommes plus ou moins bien doués sous le rapport de l'imagination et de la raison, selon l'étendue de nos connaissances et l'élévation de notre moralité, — suivant enfin que son organe, le cerveau, est plus ou moins bien exercé, plus ou moins perfectionné par la nature.

Je crois aussi que le cerveau produit la pensée, lucide ou désordonnée, par simple destination.

Chacun ne peut juger des choses que selon le cerveau qu'il a : notre raison nous paraît toujours la meilleure.

*
* *

Mais les idées viennent au cerveau du penseur, comme les sons à son oreille ; et il n'est pas plus le maître de ses idées qu'il n'est maître de ne point entendre un bruit qui l'incommode.

*
* *

Il peut être en notre pouvoir de déguiser notre pensée, mais non point de nous l'imposer à nous-mêmes.

*
* *

De même que nous avons tous le sens de l'ouïe, et que nous n'entendons pas également ; que nos yeux ne nous donnent pas à tous la même idée de la couleur, de la grosseur ou de l'éloignement des objets ; que le sens du goût diffère selon les individus ; ainsi nous avons tous un cerveau, et nous pensons différemment. Il en est même qui ne pensent pour ainsi dire pas, comme d'autres ne voient pas ou n'entendent point.

*
* *

La volonté de l'homme est pour si peu de chose dans l'action de la pensée, qu'il vous suffit à certaines heures de vouloir penser pour qu'il ne vous vienne aucune idée.

*
* *

Au contraire, c'est lorsque le penseur s'isole, à la promenade, dans le demi-sommeil, dans le rêve que se présentent d'elles-mêmes ses pensées les plus claires, les plus lucides, les plus brillantes, les plus originales, et souvent les mieux exprimées.

*
* *

Pour moi, à la vérité, que ne m'est-il donné de reproduire à l'état de veille, avec la même clarté, la même lucidité, j'oserai dire la même profondeur, les conceptions de mon sommeil ! — Même les gens qui n'ont point d'esprit, parfois s'en découvrent en dormant.

*
* *

Mais rien n'établit mieux l'impersonnalité de la pensée que cet état d'auto-suggestion, familier à certains êtres et qui fait le fond de la doctrine spirite, où la main a peine à

suivre la succession des idées, et où le sujet suggestionné
transcrit à son insu ce qu'il y a de meilleur dans ses connaissances et son esprit (1).

Lorsqu'un orateur à la tribune prononce un discours,
— ou il l'a appris, et alors il ne fait qu'accomplir un
exercice de mémoire, — ou il parle sous le feu de l'inspiration. Et alors qui dira que dans ces paroles enflam-
mées, dans ce langage superbe et fier, dont se revêt sa
pensée, quand un grand souffle de conviction l'anime, il
y a quelque part à faire à sa propre volonté? Non, la
machine est en mouvement, et elle produit plus beau à
proportion qu'elle est plus perfectionnée par la nature et
par l'éducation.

*
* *

Le poète qui a vainement cherché un vers qui en complète un autre, une rime, un mot, et qui les trouve au
moment où il n'y songeait déjà plus, prétendra-t-il que
dans ce phénomène tout dû à l'inspiration, sa volonté a
joué un rôle quelconque? Non, encore une fois, il peut
être assez que je veuille penser pour que je ne pense
point.

*
* *

Mais si la pensée veut naître, c'est en vain que vous la
repoussez. Elle vous poursuit, elle vous obsède, elle vous
arrache au sommeil, jusqu'à ce que par l'écriture vous lui
ayez donné sa forme.

*
* *

Je ne suis le maître de ma pensée qu'en cela que je
suis ordinairement libre de ne pas la dire. Mais qu'un
homme de bonne compagnie s'anime et laisse échapper à

(1) Il est en effet remarquable que les pseudo-communications
attribuées aux esprits d'outre-tombe portent toujours l'empreinte

l'adresse de son adversaire quelque parole déplacée, non seulement il n'aura pu maîtriser sa pensée, mais encore en contenir l'expression.

****

Il suffit bien, il est vrai, de ma volonté pour que je porte ma pensée sur un événement ancien, sur un fait accompli ou à accomplir, mais il n'y a là rien de commun avec le phénomène lui-même de la pensée. Et encore ne suis-je point toujours libre de chasser de mon esprit un souvenir ou un pressentiment qui me charme ou m'incommode.

****

Mais l'homme qui croit avoir découvert une vérité dans l'ordre physique ou dans l'ordre moral, porte en lui-même un poids si lourd, que sa volonté est impuissante à l'empêcher de la divulguer tôt ou tard, et quelque danger qu'il encoure.

****

On s'étonne quelquefois du nombre prodigieux des divagations qu'a fait éclore l'esprit humain. Et pourtant si la pensée était libre, si elle n'avait pas de bornes, si en un mot le cerveau humain était autre chose qu'une machine à penser qui, en dehors de certaines limites, ne peut plus concevoir, étant donnée la grande quantité des hommes qui vivent ou ont vécu, le nombre en serait bien plus grand encore.

de l'ignorance ou de la science du supposé médium. Et l'on ne vit jamais l'un d'eux rien produire en dehors des connaissances emmagasinées dans son propre cerveau. Espérons que la sortie sensationnelle de M. Camille Flammarion, qui fut l'un des pontifes de ce monde spirite où l'on compte tant de cœurs sincères et généreux, ouvrira les yeux aux plus aveugles, et que nul esprit sérieux ne demandera plus qu'aux progrès de la science la connaissance de l'inconnu. — P. S. Nous apprenons que la sortie de M. Flammarion n'était qu'une fausse sortie. — Dont acte.

* *

Il peut arriver que des hommes éloignés dans le temps ou dans l'espace, et hors d'état de se communiquer leurs pensées, émettent cependant des idées communes, vraies ou fausses, voire même qu'ils fassent simultanément la même découverte. Ce fait ne saurait s'expliquer que par une grande analogie dans leur nature intellectuelle et morale, et par une certaine conformité dans l'appareil où affluent et s'élaborent toutes nos pensées, c'est-à-dire le cerveau.

* *

Mais ma pensée, elle ne m'appartient même pas. Des profondeurs de mon être en mon cerveau à peine éclose, si je ne la note à l'instant, je ne l'ai plus. Heureux si, comme une ombre qui passe, je la retrouve au détour du chemin.

* *

Dans le domaine de la pensée, nulle puissance n'a dit à l'homme : « Tu n'iras pas plus loin. » Il y a seulement des choses pour la perception desquelles le cerveau humain est insuffisamment organisé. Aussi bien, s'il ne les peut concevoir, c'est que sans doute il n'en a nul besoin pour accomplir ses destinées, et alors pourquoi s'en occuper ?

Notre pensée tient souvent aussi à des causes tout extérieures. A l'un pour penser il faut l'air et le mouvement ; à l'autre le silence du cabinet. Tel n'a l'esprit libre qu'au matin, et dans certaines conditions de repos et de recueillement. A celui-ci il faut l'agitation et le tumulte des assemblées ; à celui-là les orages du prétoire. Tel autre a besoin de puiser dans l'alcool l'excitant nécessaire à la pensée qui sommeille. Combien d'écrivains et de poètes lui ont dû leurs plus brillantes inspirations ! Sobres, ils n'eussent peut-être rien produit.

*
* *

Il y a des gens qui font de beaux vers, et sont très naïfs dans la vie ordinaire. D'aucuns mettent du génie dans leurs écrits, qui sont plutôt vulgaires dans la conversation. Certains brillent par la parole qui sont ternes en leur style. Tels sont partout connus pour le peu qu'ils valent, qui seuls ne s'en doutent pas.

*
* *

Il en est d'autres de qui l'on peut dire : « De loin c'est quelque chose, et de près ce n'est rien. » — Qui n'en a vu de ces hommes au port noble, la démarche fière, la tournure distinguée ? On admire leur air, leur grâce, leur élégance. Comme on se sent petit auprès d'eux, jusqu'au jour où on les entend parler !

*
* *

Combien se croient profonds et sages pour avoir simplement pris à leur compte les idées de personnages qui, célèbres dans le passé, ne penseraient vraisemblablement plus rien de ce qu'ils ont écrit.

*
* *

Dès qu'un homme est arrivé à se distinguer dans un genre, il s'imagine que sa supériorité sur un point l'autorise à trancher de tout.

*
* *

Parce qu'on a fait de la bonne musique ou des vers médiocres, on n'est pas pas éloigné de se croire apte à gouverner l'État.

* *

Quand vous vous êtes spécialisé dans un genre, vous pouvez discuter avec les gens compétents en la matière : il peut y avoir profit et pour eux et pour vous. Mais avec ceux qui, n'ayant que des opinions empruntées, s'y tiennent, il n'y a rien à faire, et leur prétention de discuter de pair avec vous n'est pas admissible.

* *

Une œuvre de génie peut n'être qu'une œuvre de hasard, puisque tel qui en a fait une est souvent impuissant à en produire une autre.

* *

Un écrivain original n'a pas même le mérite de son style, qui tient à la manière dont la pensée lui vient.

* *

Il y a des pensées qui courent les rues auxquelles il ne manque pour être neuves que la formule qui les fixe.

* *

Je m'imagine que si certains écrivains de talent mettaient à bien écrire le quart de la peine qu'ils se donnent pour écrire mal, leurs lecteurs y gagneraient et leur talent n'y perdrait rien. On veut être personnel en son style : on est diffus. On veut être profond : on est obscur.

* *

Mais le penseur pense, le poète fait des vers, le mathématicien des sciences, l'artiste de la peinture ou de la musique, comme l'araignée tisse sa toile, l'abeille fait son miel, roucoule la tourterelle et chante le rossignol.

Quant à moi, s'il peut m'être permis de dire ici deux mots de ma nature d'esprit, ainsi que des états d'âme qui en morale m'ont conduit où je suis, — pour le premier point : porté très jeune à la méditation, j'ai trouvé en moi-même et dans la vie des autres un champ d'étude suffisant à ma curiosité. D'autre part, la Nature m'ayant donné une âme sensible aux seuls accents de la vérité, et certaines conditions m'étant nécessaires à l'éclosion de la pensée, soit l'esprit et le corps parfaitement reposés et un profond recueillement, soit au contraire une grande excitation cérébrale, tantôt la résultante d'un état physique anormal, tantôt provoquée par une forte impression, la contradiction, surtout le mouvement : assis, ma pensée s'arrête, — il m'a toujours été à peu près impossible de me livrer à une étude suivie des œuvres d'autrui, où, pour quelques vérités çà et là éparses, je ne rencontrais trop souvent qu'obscurité et mensonge.

Sur le second point : enfant, sur la foi d'un vieux prêtre j'ai cru à la religion. Adolescent, sur la foi de mes maîtres, j'ai cru à la morale officielle. Le néant de l'une et le vide de l'autre se sont de plus en plus imposés à mon esprit, à mesure que je les ai fait passer au crible du libre examen. Et de mes croyances envolées, je n'en regrette aucune, m'étant toujours trouvé et meilleur et plus fort à chaque étape dans la voie de la vérité, telle qu'à ma raison elle apparaît aujourd'hui.

Ainsi chacun dans ses plaisirs suit le penchant qui l'entraîne ; et quand je passe une nuit à composer, ou que le démon de la pensée, vingt fois hors du lit, me chasse pour l'écrire, j'ai la sensation que je satisfais un besoin aussi impérieux que celui qui pousse un amant passionné aux bras de sa maîtresse. Il remplit sa fonction ainsi que moi la mienne. Puis quand au matin las, je me livre au sommeil réparateur, c'est avec une sérénité douce que je vois dans mon rêve germer et grandir la bonne semence, la semence de justice et de vérité.

Puisse ce livre apprendre à bien des hommes à se connaître. Sachant que par eux-mêmes ils ne sont rien, ils fermeront l'oreille aux louanges sottes ou intéressées. — Quant aux chefs des peuples, tous ceux à qui il appartient d'éclairer et de conduire le noble troupeau humain, devenus les bons bergers, ils iront, sans se laisser griser par les acclamations de la multitude, ni détourner par les cris de haine des méchants, droit devant eux à la conquête de toujours plus de beauté, plus de vérité, plus de justice, sans orgueil comme sans faiblesse.

CHAPITRE II

LIBERTÉ ET RESPONSABILITÉ

L'homme est-il libre ? Certains philosophes l'affirment,
d'autres le nient. Il en est même qui, après avoir appro-
fondi le pour et le contre, n'osent pas se prononcer. Pour
nous, qui ne prenons souci ni des raisons pour ni des raisons contre, aux seules lumières de l'observation et de la
raison, nous allons de près serrer la question.

*
* *

Si par liberté on entend la faculté que l'homme possède
d'aller, quand il le veut, où l'appelle son plaisir du moment, certes il est libre, et tous les animaux avec lui. Mais
c'est lorsque, en vue d'un intérêt supérieur, il veut résister à cet appel du plaisir immédiat, lorsque la passion,
voire même le simple caprice vient exercer son empire sur
sa volonté, que l'homme, même le plus parfait, s'aperçoit
bien qu'il n'est point libre, au moins de cette liberté complète, absolue, qui seule pourrait constituer sa responsabilité morale, sa responsabilité devant son Créateur, —
l'hypothèse de Dieu, créateur de l'homme étant admise (1).

(1) Ici nous croyons devoir par une note bien établir ce fait,
c'est qu'une pleine et entière liberté nous paraît être la condition
sine qua non de la responsabilité morale ; or c'est parce que nous
nions absolument l'existence de cette parfaite liberté, que tout en

*
* *

On a dit : Autant d'hommes, autant de sentiments, autant de jugements, autant de consciences, et l'on peut ajouter : autant de libertés.

*
* *

La liberté d'un homme dépend de la puissance de ses habitudes, de l'empire de ses caprices, de la violence de

retenant la responsabilité matérielle, autant qu'elle est utile à la bonne harmonie de la société, nous rejetons sans réserve la responsabilité morale, parce qu'elle a ce double tort d'être injuste et inutile, sinon nuisible à cette bonne harmonie. En droit absolu la responsabilité matérielle peut paraître tout aussi injuste ; mais en fait elle est justifiée par son utilité, par sa nécessité. La société souffrant des vices des hommes, en tant qu'elle ne peut les leur ôter, a le droit de les punir, en vue de les réprimer le plus possible. Mais ce droit ne saurait appartenir à Dieu, créateur de l'homme, puisqu'il serait lui-même l'auteur de nos imperfections et qu'il n'en souffrirait point. Qu'il soit bien convenu que nous entendons absolument dégager ces mots : droit de punir, du caractère moral qui ordinairement s'y attache. En fait la question se réduit à ceci : Est-il utile au bien de la société qu'à des fautes, des crimes déterminés correspondent des peines déterminées ? Pour nous la réponse n'est pas douteuse, et si c'est utile, c'est juste. Sans doute nous n'ignorons que les 99 $_{0/}^{0}$ des crimes et des délits qui se commettent sont dus à une mauvaise organisation de la société, à la misère, à l'éducation défectueuse, qu'y reçoivent encore la plupart de ses membres. Voilà pourquoi, tout en reconnaissant à la société le droit de punir, nous ne saurions la dégager du devoir de se montrer indulgente. Mais les criminels ne sont pas les seuls à souffrir des vices de la société. Il y a aussi beaucoup d'honnêtes gens qui en meurent. Et c'est bien le moins de reconnaître à ces derniers le droit de se préserver, dans la mesure du possible, du mal qui peut leur arriver du fait des premiers. Or, c'est en cela qu'il convient de voir la seule justification, mais à nos yeux suffisante, du code pénal. Mais qu'un jour vienne où une bonne éducation sera également distribuée à tous, où auront disparu d'une part la misère, de l'autre la passion du gain et la soif des jouissances avec les moyens de s'enrichir, — ces causes de mal écartées, on peut se demander de quelle utilité seront alors tous ces codes, sur lesquels des hommes blanchissent sans les connaître.

ses passions, entrant en lutte avec l'intelligence et la force de volonté qu'il a reçues de la nature, affaiblies ou augmentées par l'usage qu'il en a fait. Nul ne possède la liberté absolue. Nous ne sommes capables que d'une liberté relative, variant encore avec les individus.

*
* *

Socrate, à force de volonté, avait réussi, dit-on, à annihiler toutes les passions mauvaises dont la nature s'était montrée si prodigue à son égard. Oui, mais Socrate était un homme de génie. Et serait-il téméraire de penser que ses vertus natives égalaient ses vices ? D'autre part sa haute intelligence avait dû lui montrer l'abîme où il courait, s'il s'abandonnait à ses mauvais penchants, en même temps que l'intérêt qu'il avait à les vaincre pour donner à ses vertus tout leur éclat. — Doué d'une force de volonté en rapport avec la puissance de son esprit, il a voulu en triompher, et il y a, dit-on, en partie réussi. Mais que ces mêmes passions se rencontrent chez un esprit borné, inaccessible aux sereines jouissances du bien, n'en sera-t-il point d'autant plus l'esclave, que son défaut d'intelligence lui en aura moins révélé les périls ? Que dis-je ! peut-être mettra-t-il toute son activité à les satisfaire, et croira-t-il agir librement.

*
* *

Des hommes, animés de la foi religieuse la plus vive, ont succombé dans cette lutte des passions contre la volonté. Leur ardent désir d'y résister ne peut être mis en doute. C'est donc la liberté qui leur a fait défaut. — Le pardon des péchés n'aurait pas sa raison d'être, si Dieu nous eût donné la liberté. Et cette belle parole de Jésus : « Rends le bien pour le mal », n'est-elle pas un non sens si l'homme est libre ?

*
* *

Lorsque, sous l'influence d'un caprice, d'un désir, d'une passion, de la colère, il m'est arrivé de me laisser aller à quelque action que j'ai dû regretter ensuite, j'ai bien senti qu'il aurait pu se faire que je n'eusse pas commis cette action, mais non point que j'eusse pu ne pas la commettre. Si même en la faisant j'ai la sensation bien nette que je ne devrais pas la faire, si je la commets, c'est que je ne suis point libre.

*
* *

Ce qui donne, l'action accomplie, cette illusion qu'on aurait pu ne pas la commettre, c'est que l'homme qui raisonne après n'est plus l'homme qu'il était avant d'agir. La passion, le besoin, le caprice satisfaits font de nous un homme nouveau, si bien qu'il nous est souvent impossible, même par la pensée, de nous remettre en l'état physique, intellectuel et moral où nous étions au moment où nous avons agi. Or notre action est toujours la conséquence fatale, nécessaire de cet état physique, intellectuel et moral ; et si d'aventure nous nous retrouvions exactement dans les mêmes dispositions d'esprit et de corps, et qu'il n'y eût rien de changé dans les circonstances, notre conduite serait identique.

*
* *

Il est certain que l'homme agit différemment à l'état de calme ou sous l'influence de la colère. Or la colère ne saurait être volontaire, car dès qu'elle apparaît volontaire, elle n'est pas. Comment donc serions-nous responsables des actes accomplis sous l'empire de la colère, lorsque nous ne le sommes pas de l'état d'esprit qui les a produits ? — On doit maîtriser sa colère. — On le fait autant qu'on peut, c'est-à-dire autant qu'on est organisé pour le faire.

*
* *

Quand nous avons dit d'un homme qu'il a mauvais caractère, qu'il est violent, brutal, il y a là la constatation d'un fait, d'un état d'âme qui doit fatalement produire en nombre ou en intensité, suivant les circonstances, des actes de violence et de brutalité ; et l'en rendre moralement responsable, c'est le comble de l'absurde. Aussi l'accusé qui répondait au juge lui reprochant sa nature violente, emportée : « Que voulez-vous que j'y fasse ? » fit sourire la foule imbécile, et sans doute aussi les juges. Mais il n'en avait pas moins donné là, sans s'en douter, peut-être, une leçon de philosophie profonde.

*
* *

L'éducation peut-elle à ce point fausser les esprits, qu'il suffise souvent que vous exprimiez une idée juste pour soulever autour de vous un *tolle* général ! Mais limitez votre idéal de pensée à ne rien voir au delà des préjugés régnants, ce qui est à la portée de tout le monde, vous serez un esprit sage, pondéré à qui chacun s'empressera de rendre hommage. La vérité est que vous ne serez qu'un sot, à moins que vous ne voyiez là qu'un art de bien dissimuler pour mieux tromper. Et alors je vous laisserai le soin de vous juger vous-même, avec la conviction que vous vous jugerez bien. Je suis d'ailleurs tranquille sur votre sort : vous saurez vous faire votre petit chemin.

La liberté, si elle existait, consisterait au moins pour l'homme à pouvoir, en toutes circonstances, faire ce que, sa raison consultée, il a jugé le mieux convenir à l'unique fin qu'il se propose : le bonheur, — à pouvoir en toute occasion conformer sa conduite à sa détermination raisonnablement prise (1).

(1) Et encore ne s'agit-il ici que d'une sorte de liberté subjective,

3

Or, s'il en est ainsi, d'où vient qu'un homme, en pleine possession de lui-même, a pu se dire : « Je ne ferai pas tel acte qui aurait pour moi les conséquences les plus fâcheuses », et qu'il le fait ? « Je ne reverrai pas cette femme qui est indigne de moi et qui me trompe, » et qu'il revient à elle plus fou, plus passionné que jamais ? Comment encore expliquer qu'avant de frapper son ennemi, un homme a pu se promettre à lui-même de ne pas poursuivre sa vengeance, et qu'il tue son ennemi ? Et s'il ne s'est rien dit, s'il a frappé sans consulter sa raison, où est sa liberté ? (Je vois d'ici l'objection : Si sa raison lui a dit : « Frappe. » Mais je n'envisage pour l'instant que les actes que nous accomplissons contrairement à notre détermination. Nous nous occuperons plus loin des autres.)

D'où vient enfin que tant de bonnes résolutions, même chez les meilleurs d'entre nous, restent si souvent à l'état de lettre morte ?

On pourrait à l'infini multiplier les exemples. Et pour n'en plus citer que deux : Dira-t-on que l'ivrogne est toujours libre de ne point boire et le joueur de ne point jouer, même s'ils en ont pris la résolution ferme ? Non, sans doute ; mais on me fera la réponse ordinaire que si, l'habitude une fois contractée, leur volonté peut être impuissante à les y soustraire, il n'eût dépendu que d'eux au début de ne pas la prendre.

Eh bien ! à cette objection fermement je réponds : Non.

telle que le lecteur la trouvera nettement définie à la fin de ce chapitre, et qui n'a rien de commun avec la liberté morale, telle que l'entendent nos philosophes spiritualistes.

Car, — même en laissant de côté les influences morbides qui peuvent faire de l'ivresse un besoin irrésistible, et certains penchants naturels presque invincibles comme la passion du jeu, — que de mauvaises habitudes on contracte sans préméditation ! Tel le plaisir de boire ou celui de jouer, qui, à la longue, peuvent devenir un besoin occasionnel ou constant qu'on ne peut plus vaincre.

On dit souvent d'un homme qu'il est malheureux par sa faute. Il serait seulement vrai de dire qu'il doit son malheur aux fautes qu'il a commises, mais qu'il n'a pu commettre que par absence de liberté, d'intelligence ou de prévoyance, — toutes choses qu'il n'a point dépendu de lui de ne point avoir, et qui, par ce fait, enlèvent à ses erreurs tout caractère de responsabilité. Tout au plus doit-on voir dans son malheur, si la cause en est à trop peu de modération dans le passé, une santion méritée. Mais combien, par pure grandeur d'âme, sont tombés dans l'infortune, sans qu'on puisse dire ni qu'à titre quelconque ils l'ont méritée, ni que c'est par leur faute : leur magnanimité devait les y conduire. La nature commande, l'homme obéit.

Quand, pour accabler un homme, vous aurez accumulé les raisons qui auraient dû le détourner de la faute ou du crime que vous lui reprochez : éducation, famille, fortune, plus en fait vous aurez donné de preuves de son irresponsabilité.

Plus un homme a de motifs de ne point commettre une action, moins il y a de chances pour qu'il la commette, mais plus aussi, s'il la commet, il témoigne qu'il n'est point libre.

Plus le crime est affreux, abominable, monstrueux, plus m'apparaît certaine l'irresponsabilité. On ne devient pas soi-même un monstre : on le naît ; ou, le monstre, les circonstances, le milieu le créent.

On trouve en effet la raison de tous les crimes, de toutes les infamies, bien moins dans la perversité humaine, que dans les conditions de la vie sociale : chacun par ses actes ou ceux des autres en pâtit à son tour.

En somme l'homme n'est libre ni dans son âme, ni dans ses pensées, ni dans ses goûts, ni dans son humeur, ni dans ses amitiés, ni dans ses haines, non plus que dans le choix du milieu où il lui conviendrait de vivre, et pourtant il se trouve encore des hommes pour soutenir qu'il est libre. — Mais les hommes seraient-ils libres, n'étant pas assez intelligents pour se servir de leur liberté en vue de leur plus grand bien, ils ne sont pas responsables.

Je ne nie pas qu'à force de sagesse, par le développement de son intelligence et l'exercice constant de sa volonté, l'homme ne puisse atteindre à une très grande somme de liberté. Mais malheureusement la sagesse, l'intelligence ne sont pas le lot du plus grand nombre, et pour le plus grand nombre, liberté, tu n'es qu'un mot.

Dans tout acte librement accompli, c'est-à-dire conforme à sa détermination raisonnablement prise, l'homme ne fait pas toujours ce qu'il *aimerait le mieux*, mais il fait toujours ce qu'il *aime le mieux*.

*
* *

Combien par exemple peuvent dire : J'aimerais mieux rester, mais faisant usage de ma liberté, je pars. Tandis que nul ne peut se dire : J'aime mieux rester, et faisant acte de liberté, je pars.

*
* *

Il n'est pas au pouvoir d'un homme de se servir de sa liberté pour faire autre chose que ce qu'il aime le mieux.

*
* *

La jeune fille, qui résiste aux caresses et aux sollicitations de son amant, aimerait mieux se donner, mais elle aime mieux rester pure.

*
* *

Le chevalier d'Assas aurait sans doute préféré vivre, mais étant donnée la générosité de sa nature, il aima mieux mourir que de se déshonorer en manquant au devoir militaire.

*
* *

Ce qui a contribué jusqu'ici à entretenir dans l'esprit des hommes cette illusion de la liberté, c'est qu'à chaque heure du jour leur volonté intervient pour régler leur conduite, et que commandant ordinairement à leurs actions, ils s'imaginent qu'ils pourraient leur commander toujours.

*
* *

Je viens d'éprouver telle tentation, disent-ils, et j'y ai

résisté, donc je suis libre. — Non, vous avez seulement accompli un acte de liberté. Que vous ayez résisté cent fois au plus violent des désirs, vous aurez accompli cent actes de liberté, qui témoigneront de votre force de volonté, mais ne prouveront rien en faveur de la liberté humaine.

L'homme qui cède au moindre caprice, qu'il doive lui être funeste ou non, n'est point libre. Celui qui, ayant résisté vingt fois, cède la vingt et unième a plus de force de volonté; mais en fait est-il plus libre?

Le voleur que son penchant entraîne à voler, et qui n'a jamais cherché à le vaincre, pense voler librement, et il ne s'aperçoit qu'il n'est point libre que le jour où il ne veut plus voler. Quant à celui qui ne vole qu'après une résistance plus ou moins longue, le seul fait de sa résistance démontre bien que son intention n'était pas de voler, et que, s'il vole, ce n'est pas librement.

Après mûre délibération, j'ai résolu d'accomplir telle action qui m'est utile; aucun obstacle matériel ne m'en empêche, et pourtant je ne l'accomplis pas. Donc je ne suis pas libre.

On a beaucoup parlé de la liberté d'indifférence. Cette liberté n'existe pas, parce qu'il n'y a point d'actions indifférentes. Nos actes les plus importants, comme les plus futiles, ont tous pour objet de rechercher un bien ou d'éviter un mal.

*
* *

Pour que nous voulions une chose, il faut qu'il se produise en nous ou en dehors de nous quelque chose qui nous
la fasse désirer. Et pour que nous renoncions à satisfaire
un désir, il faut la crainte d'une peine matérielle ou
morale. Or nous subissons nos désirs, qu'ils nous viennent
de causes internes ou externes, et la résistance que nous
opposons à la satisfaction d'un désir immédiat, a toujours
en vue d'éviter un mal plus grand ou de rechercher un
bien supérieur. C'est en cela que nous exerçons notre liberté. Mais même avec la vision de ce mal plus grand ou
de ce bien supérieur, nous ne sommes pas toujours
maîtres de notre résistance. Que dire si cette vision est
obscure, ou même si elle n'est pas, comme il arrive chez
les êtres de peu d'intelligence ou sans moralité ? Que dire
enfin des impulsifs, des dégénérés, des instables dont le
nombre grandit sans cesse par l'alcoolisme, le surmenage,
les appétits de jouissances ?

*
* *

Lorsque notre volonté s'exerce sur des choses pour lesquelles nous avons des aptitudes naturelles très grandes,
elle peut nous porter très haut et très loin, et cela nous
donne l'idée que nous sommes des hommes de volonté supérieure.

*
* *

Pour nous juger sainement au point de vue de la volonté, ou plus exactement de notre force de volonté, il
convient de porter notre effort sur des choses qui nous déplaisent. Si nous triomphons des résistances naturelles,
nous pouvons alors nous dire des hommes de volonté.
Mais encore faut-il, pour que cette victoire s'accomplisse,
que nous y voyions un intérêt considérable, et que notre

nature n'y soit pas absolument rebelle. Sans quoi la volonté bien vite nous abandonne, au lieu qu'il y a en nous une force mystérieuse, qui nous pousse à agir dans le sens de nos facultés naturelles. Et cette force devient elle-même invincible, si ces facultés sont portées à un très haut degré.

*
* *

En résumé la volonté peut intervenir pour régler notre conduite contrairement à nos inclinations naturelles, à la condition que nous y voyions un intérêt. Mais si grand que cet intérêt nous apparaisse, il arrive qu'elle est impuissante à réagir contre nos désirs naturels.

*
* *

Qu'on ne nous reproche pas de restreindre ici le champ de la volonté, parce qu'impuissante à nous diriger toujours. Nous prétendons au contraire l'exalter : outil au service de l'intelligence pour nous vaincre nous-mêmes et nous faire triompher des hommes et des choses, elle la servira d'autant mieux qu'elle en sera mieux connue dans sa force comme dans sa faiblesse.

*
* *

Pour vouloir il faut désirer. Et si notre intelligence nous a révélé que nos désirs légitimes peuvent seuls nous donner des biens sérieux et durables, la volonté lui obéira d'autant mieux.

*
* *

Il se peut que chacun dirige soi-même sa machine, s'il la connaît bien.

Le degré de perfection morale où un homme a su s'élever

est le critérium de son intelligence et de sa liberté. La liberté absolue est inséparable de la perfection absolue.

*
* *

Je ne reconnais donc le droit de soutenir la liberté, et encore pour eux-mêmes, qu'aux hommes d'une probité irréprochable, aux hommes qui n'ont jamais senti naître en eux aucun mauvais penchant dont ils n'aient triomphé, à ceux enfin qui peuvent s'affirmer à eux-mêmes que leur cœur ne fut jamais accessible à l'envie, à la haine, à la vengeance. S'il se trouve un homme qui remplisse ces conditions, je le confesse hautement, il est libre. Mais pour peu qu'il s'en écarte, par un certain côté, quelque petit qu'il soit, il est esclave.

*
* *

La liberté morale ne signifie rien, si elle n'a le pouvoir de nous mettre en possession de la perfection morale. Or, je vous le demande, quel est l'homme, — j'entends l'homme digne de ce nom, — qui pouvant être parfait dédaignerait de l'être ?

*
* *

Vous que la nature et l'éducation ont fait honnête homme, si vous pouvez vous rendre témoignage à vous-même que dans une seule circonstance de votre vie, vous n'avez pas été libre de résister à une action que vous jugiez coupable ou peu délicate, si même vous l'avez faite sans résistance, de quel droit viendrez-vous dire que tel autre, qui tient de la nature des instincts plus ou moins pervers, eût été libre de ne point commettre ou la faute ou le crime que vous lui reprochez ? Mais nous sentons bien tous que nous ne sommes pas libres ; nous accumulons les motifs pour excuser nos fautes, et nous voulons absolument que se trouve chez les autres cette liberté qui nous manque, cette responsabilité qui nous écrase.

Faut-il croire pour cela à une fatalité inéluctable? croire que tout ce qui nous arrive soit écrit à l'avance au livre des destins? — Non. Ce qui est seulement vrai, c'est que les circonstances de notre existence et notre existence elle-même ne relèvent que du Hasard qui, lui, ne relève de rien, — et que dans une circonstance donnée, notre conduite est fatalement déterminée par notre tempérament, notre caractère, notre moralité (1).

Ce n'est donc pas parce qu'il était prédestiné au suicide que tel homme s'est ôté la vie, mais parce que certaines circonstances produites par son imprévoyance, ses vices ou le hasard l'ont mis dans une situation telle qu'étant donnés son tempérament, son caractère, sa moralité, il devait nécessairement en sortir par le suicide. Il y a eu fatalité, mais fatalité subjective.

*
* *

Amender les tempéraments, élever les caractères, développer la moralité, tel doit être le rôle de l'éducation. Mais qui que nous soyons, persuadons-nous bien que nul ne peut se dire à l'abri d'une chute possible, conséquence d'un mauvais pas. Que cette pensée fasse naître en nos

---

(1) Mais, m'objectera-t-on, comment expliquer la fatalité de l'acte si vous reconnaissez à l'agent une dose quelconque de liberté? — R. L'homme ne peut se servir de sa liberté que pour faire ce qu'il aime le mieux. Ce qu'il aime le mieux dépendant nécessairement de son caractère, de son tempérament, de sa moralité, il ne faut pas chercher en dehors de ces trois facteurs les motifs de sa conduite, alors même qu'il croit agir librement.

Nous définirons ici la moralité d'un homme, ce quelque chose

cœurs à l'égard de ceux qui succombent sinon l'indulgence toujours, tout au moins la pitié.

.•.

Il est souvent bien difficile d'avoir une opinion éclairée sur ses propres affaires. Combien plus sur les affaires des autres, dont maints côtés nécessairement nous échappent, d'autant que c'est presque toujours ce que nous ignorons qu'il nous faudrait surtout savoir ! et combien nous devons être circonspects, quand il s'agit de porter un jugement sur autrui !

L'absence de liberté morale implique nécessairement l'absence de responsabilité morale, et comme conséquence l'irresponsabilité de l'homme devant Dieu. Sa responsabilité en effet ne pourrait s'expliquer qu'autant que le Créateur en donnant à sa créature une pleine et entière liberté, lui eût aussi donné une parfaite connaissance de sa destination définitive : récompenses dans le ciel pour le juste, châtiments pour le méchant. Si cela était, vous auriez beau fouiller jusqu'en les recoins les plus ignorés du globe, vous ne trouveriez pas un seul individu qui ne fût un homme de bien. Et, dans ce cas, dès le premier jour, l'harmonie la plus parfaite n'eût pas cessé de régner dans le monde. Cette harmonie, c'est à l'homme à la chercher et à la conquérir.

qui est en lui, qu'il doit à la nature et à l'éducation, et qui, dans le choix des plaisirs, le porte plus ou moins à rechercher les plaisirs nobles ou les plaisirs vils. — Nous croyons aussi devoir signaler l'action *de l'intelligence et de la volonté dans la moralité* : c'est l'intelligence qui joue le principal rôle dans l'éducation, par laquelle nous sommes susceptibles de modifier notre moralité native en vue d'un plus grand bien, et c'est la volonté qui intervient alors pour nous faire une moralité plus haute.

*
* *

Je vous accorderai, — ce qui n'est pas, — qu'il peut se rencontrer quelques hommes ayant cette pleine liberté et cette parfaite connaissance de leur destination définitive. Mais vous m'accorderez bien à votre tour, — et vous ne pouvez pas ne pas le faire, — que la plupart des hommes ne les ont pas. Le sauvage en est absolument dépourvu, l'homme demi-civilisé peut les avoir à un certain degré, l'homme plus civilisé à un degré plus grand. Mais en somme dites-moi donc enfin où la responsabilité commence, dites-moi où elle finit.

*
* *

La responsabilité de l'homme devant Dieu est un mythe. En réalité il n'est responsable que devant lui-même et devant ses semblables.

*
* *

Devant lui-même, parce que chacune de ses imperfections, de ses fautes est pour lui une source de mal, — parce que rien ne peut mieux racheter une faute que nous avons commise, que d'en accepter hautement la responsabilité. Il semble qu'il y ait là comme un commencement de réhabilitation. Tandis que celui qui se dérobe à cette responsabilité, accomplit un acte de lâcheté qui le diminue encore à ses propres yeux et aux yeux de ses semblables. Or, qui que nous soyons, honnête homme ou fripon, nul ne peut se dire insensible au mépris des autres; bien peu le peuvent au mépris d'eux-mêmes.

*
* *

Devant ses semblables, parce qu'autant de fois que l'homme sort de son droit ou manque à son devoir, il ne le peut faire sans un dommage pour la société. Dans ces

conditions nous comprenons que la justice exige une
expiation, ou tout au moins une réparation du mal que
nous avons causé, — ne fût-ce que pour nous intéresser
à mieux faire dans l'avenir, et pour donner un exemple
salutaire à ceux qui seraient tentés de nous imiter (1).
Cette expiation ou cette réparation, nous la voulons à bon
droit chez les autres. Nous devons être prêts, le cas échéant,
à la subir nous-mêmes.

*
* *

La responsabilité de l'homme devant lui-même et
devant ses semblables s'impose encore pour un autre
motif, et peut-être le plus significatif : c'est qu'elle est la
condition essentielle de notre perfectionnement. Quel
homme, en effet, ferait effort pour se perfectionner ? à quoi
nous serviraient les leçons de l'expérience, si nous pou-
vions être heureux par nos fautes, et si nous étions assurés
de l'impunité ? Il faut que tout homme, à moins d'inconscience absolue, réponde de ses actes devant sa propre
conscience et devant la conscience humaine. A défaut de
la première sanction, de nul effet pour un grand nombre,
il faut que la seconde conserve tous ses droits.

*
* *

Il en est une autre cause, c'est qu'ayant eu ou ayant pu
avoir les satisfactions ou les avantages d'un acte immoral
ou illicite, il est juste que nous en subissions les conséquences. Ainsi j'ai ourdi une ruse, tramé un complot. J'en

(1) Mais, me dira-t-on, quelle action efficace pour prévenir le
mal peuvent avoir cette réparation, cette expiation, si, comme il
a été dit plus haut, dans une circonstance donnée notre conduite
est fatalement déterminée par notre tempérament, notre caractère,
notre moralité ? — Je réponds que le châtiment possible, probable
ou certain fait partie intégrante de la circonstance ; il la modifie,
il la transforme souvent. Suivant que nous percevons ou non une
sanction attachée à un acte déterminé, la circonstance change, et
le plus souvent notre conduite avec elle.

escompte en cas de succès les avantages ; mais aussi si j'échoue et que les justes lois me frappent, je n'ai à me plaindre de rien. Mais cela ne prouve pas que j'aie agi librement ni que je sois responsable, et il n'en est nul besoin.

*
* *

Nous voyons quant à nous dans cette double responsabilité, une raison suffisante pour que l'homme travaille de toutes ses forces à améliorer sa nature et à étendre sa liberté. Car le bonheur qu'il poursuit n'est qu'à ce prix, non point le bonheur dans le ciel, mais le bonheur terrestre.

*
* *

Il arrive couramment qu'en voulant se soustraire aux responsabilités d'un acte, on n'évite un mal que pour tomber dans un mal plus grand.

*
* *

L'homme qui a pour principe d'échapper aux responsabilités, autant qu'il est possible, néglige d'observer sa conduite, et il finit presque toujours par se trouver en présence de quelque responsabilité grave, à laquelle il ne peut se soustraire.

*
* *

Mais celui qui s'est fait une loi de revendiquer la responsabilité de tous ses actes, son attention est sans cesse en éveil, et il est bien rare qu'il n'évite au moins les fautes irréparables.

*
* *

Quand par souci des responsabilités, par crainte des conséquences, ou par le seul sentiment du devoir, vous avez résisté à un désir, un caprice, une passion, vous pouvez évaluer le sacrifice, mais vous ne saurez jamais ce qu'il aurait pu vous en coûter en n'y résistant pas.

*
* *

Sur ce principe de la responsabilité morale, contre lequel s'inscrit en faux une élite toujours croissante de psychologues, et qu'on ne défend plus que par crainte de voir sans lui la société s'orienter sans boussole, — s'est formé un état d'esprit, des mœurs qui ont eu leur répercussion dans les institutions et les lois. Comment s'étonner, après cela, que tout étant vicié dans ce qui fait le fond de nos organisations sociales, nous voyions partout la discorde, la haine et le crime s'unissant pour étouffer en nos cœurs tout ce que la nature y a mis de généreux et de bon !

*
* *

Comment ne pas remarquer, au contraire, que nos mœurs sont devenues moins féroces et plus douces, à mesure que nous avons fait fléchir davantage ce principe, pour lequel on ne combat plus qu'en invoquant des raisons de nécessité ! — C'est que l'esprit de violence et de persécution s'éteint au seuil de l'irresponsabilité, d'où naissent au contraire la bienveillance et le pardon.

*
* *

Et d'ailleurs pour ne juger notre état social que par les fruits qu'il porte : Fondé sur l'erreur et l'iniquité qui en découle, — telle une plante vénéneuse, — il corrompt et empoisonne toutes les sources de vie ; et dans cette course au bonheur, que chacun voudrait pour lui seul, tandis qu'il ne peut être que pour tous, qui se vanterait donc d'avoir atteint le but ?

*
* *

Mais si, comme tout nous le fait espérer, comme tout

nous l'assure, la fraternité est appelée à régner un jour parmi les hommes, c'est la conscience seule de l'irresponsabilité morale, qui est capable d'en préparer et d'en hâter l'avènement.

*
* *

C'est elle qui fera pénétrer et entretiendra dans l'esprit des hommes ces nobles sentiments, qui se nomment indulgence, pitié, tolérance, pour y prendre la place de la rancune, de la haine, de la vengeance, dont le règne s'éteindra, lorsqu'aura disparu cette chimère, qu'un faux jugement des hommes et une imparfaite connaissance de la nature humaine ont élevée à la hauteur d'un principe et d'un dogme, et que vous appelez : la *Responsabilité morale.*

*
* *

Et ceux qui ne voudront point m'en croire, qu'ils méditent cette parole du Christ sur la croix : « Mon Dieu, pardonnez-leur : ils ne savent ce qu'ils font ». — N'y verront-ils point, partant d'une bouche autorisée, l'affirmation de l'irresponsabilité de l'homme ?

Avant de clore ce chapitre, en raison de l'importance qui s'attache à cette question si controversée de la liberté et de la responsabilité, nous croyons devoir résumer ici en quelques lignes ce que nous entendons par ce mot : la liberté, ainsi que déterminer d'une façon bien précise les limites dans lesquelles elle exerce son action. En fait, l'homme jouit de la faculté de vouloir ce qui lui plaît, mais non point de vouloir ce qui ne lui plaît pas. Ou s'il veut une chose qui lui déplaît, ce n'est pas parce qu'il la veut en elle-même, mais pour éviter un mal plus grand, et alors elle devient la chose qui plaît par comparaison. Mais il n'est pas en notre pouvoir de faire qu'une chose nous plaise quand effectivement elle ne nous plaît pas, ni qu'une chose nous plaise plus lorsqu'en réalité elle nous plaît moins. Aussi de deux ou plusieurs choses qui nous plaisent ou nous déplaisent inégalement, notre volition se porte-t-elle fatalement sur la chose qui plaît le plus ou déplaît le moins. Et s'il arrivait que nous eussions à faire un choix entre deux choses qui parussent nous plaire ou nous déplaire également, aussi longtemps qu'il ne se produirait aucun motif de donner notre préférence à l'une ou à l'autre, nous resterions dans l'état d'une barre de fer attirée en sens contraire par deux aimants d'une égale puissance, nous ne choisirions pas.

Lorsqu'il s'agit de passer de la volition à l'acte, le plus souvent cet acte est conforme à la volition qui n'est que la détermination. Il peut même arriver qu'il le soit toujours chez quelques natures d'élite. Mais aussi il peut fort bien être, et cela est ordinairement chez les natures faibles, qu'au moment d'agir nous fassions tout autre chose que ce que nous avions résolu, et cela sans qu'il y ait rien de changé dans les circonstances qui ont déterminé notre volition. Il suffit du réveil d'un caprice, d'une passion, d'un sentiment qui sommeillaient au moment où a été prise la résolution d'agir dans un sens ou dans l'autre, et qui font que l'homme se trouve entraîné par une force plus puissante que sa volonté, — j'entends sa volonté éclairée des lumières de sa raison, — à faire tout le contraire de ce qu'il avait décidé. C'est là que se révèle l'absence de cette liberté même restreinte, — la seule à laquelle l'homme puisse jamais atteindre, —

telle qu'elle se manifeste dans ceux de nos actes que nous accomplissons en conformité de notre volition, volition résultant d'un choix de motifs qui s'imposent toujours à notre volonté.

Mais dans l'un comme dans l'autre cas il faut écarter la responsabilité morale, — le premier non plus que le second ne renfermant pas les caractères de la volonté libre.

Nous ne dirons rien de ceux de nos actes que nous accomplissons sans réflexion, et qui sont le résultat de l'habitude ou de l'instinct.

CHAPITRE III

LE BIEN ET LE MAL. MÉRITE ET DÉMÉRITÉ

I

Quelques philosophes ont prétendu que l'idée du Bien et du Mal est innée en nous, et que nous avons la liberté de choisir entre les deux (1) ; et ils donnent pour preuve de l'innéité du bien, l'homme élevé en dehors de toute civilisation, le sauvage lui-même, qui n'est pas incapable d'obéir à des mouvements généreux.

*
**

C'est comme si l'on disait que le chien par exemple, ou même le lion, dont on cite tant de traits de dévouement et de générosité, ont innée la notion du bien, tandis qu'ils ne font qu'obéir à leur nature qui, à certains moments, en certaines occasions, leur fait trouver du plaisir à se dévouer.

*
**

Pour nous la vérité est que les hommes, dès l'instant où ils ont été réunis en société, ont compris qu'ils étaient intéressés à établir à côté des lois pénales, des obligations morales, auxquelles pour mériter l'estime et la considéra-

(1) Nous avons dit, dans le chapitre précédent, ce qu'il faut penser de cette prétendue liberté.

tion, devrait s'assujettir chacun d'eux, — et que l'idée que chaque homme se fait du bien et du mal, tient seulement à sa propre raison, diversement influencée par l'éducation et le commerce des hommes (1).

*
* *

Ce qui est jugé le bien ou le mal par tel individu ne l'est pas par tel autre, parce que la raison de celui-ci n'est pas la raison de celui-là. Bien plus notre propre raison ne nous laisse pas la liberté de conserver aux différentes époques de notre existence les mêmes idées sur le bien ou le mal (2), — quoiqu'il y ait des actes par essence si conformes à ce qui nous parait être les lois de la nature, que la raison universelle s'accorde à les trouver bons, tandis que d'autres offensent la nature d'une façon si manifeste,

---

(1) Il n'y a pas, à proprement parler, de *Morale*, c'est-à-dire de *règles fixes du bien et du mal.* Il y a seulement des conventions morales, sur lesquelles nous sommes en général intéressés à régler notre conduite, conventions qui changent d'un milieu à l'autre ; mais on ne peut pas dire certainement que tel qui s'y conforme, vaille moralement mieux que tel autre qui les viole. — Mais au-dessus des conventions morales, il y a quelques sentiments réputés nobles dans presque tous les pays du monde, tels que le patriotisme, l'amour du prochain, la constance dans l'amitié, la fidélité à la parole donnée, et ce sont ces sentiments et quelques autres universellement reconnus bons qui constituent la valeur morale d'un homme. — Ajoutons qu'on peut avoir la réputation d'un homme moral sans être animé à un degré quelconque d'aucun de ces nobles sentiments ; il suffit assez souvent pour cela du respect tout extérieur des idées reçues dans le milieu où l'on vit, — et les avoir au contraire à un très haut degré et n'être point pour cela aux yeux du vulgaire un homme moral. Ainsi restez fidèle à l'ami qui a commis une faute grave, vous serez honni malgré ou à cause du courage qu'il y aura à le faire. Joignez-vous à ses détracteurs, la foule vous rendra hommage pour ce bel acte de lâcheté.

(2) J.-J.-Rousseau abandonnant ses enfants à la charité publique nous dit qu'il n'avait pas cru mal agir, tant la coutume en était dans le milieu où il vivait alors. Plus tard ses idées sur le bien et le mal s'étant modifiées, le souvenir de cet abandon devint un des tourments de sa vie.

que cette même raison universelle s'accorde à les condamner.

*
* *

Ce qui est encore vrai, c'est que l'homme est entraîné
par sa nature à rechercher en toutes choses son plus grand
bonheur. Et de ce qu'il a généralement rencontré ce plus
grand bonheur dans la pratique de ses devoirs, il a cru
avoir en lui l'idée du bien, tandis qu'il n'a jamais eu que
l'idée de son propre plaisir qui, en raison même de la supériorité de notre espèce, trouve, au moins chez les natures
d'élite, celles précisément qui créent l'opinion, sa plus
haute satisfaction dans le bien accompli.

*
* *

Enfin pour conclure la plupart des hommes apportent
en naissant des aptitudes au bien plus ou moins caracté-
risées, — aptitudes qui se développent dans la suite en
raison du plaisir qu'ils trouvent dans la pratique du bien.
Mais vous n'obtiendrez jamais d'une nature mauvaise ou
simplement intéressée qu'elle fasse le bien spontanément.
Tout ce que l'on peut attendre d'elle, c'est d'abord qu'elle
fasse le mal le moins possible en lui inspirant la crainte
de l'opinion ou la peur du châtiment, et ensuite qu'elle
fasse un certain bien, non pour le plaisir qu'elle y prendra,
mais pour les avantages qu'elle en pourra recueillir, tels
que ceux qui résultent de l'estime et de la sympathie de
nos semblables, dont nous avons tous besoin.

*
* *

Pour nous, nous définirons ici le *Mal*, tout ce qui peut
faire obstacle au bonheur des hommes, et le *Bien*, tout ce
qui peut contribuer à édifier ce parfait bonheur, qui nous
apparaît comme la fin assurée de l'Humanité.

*
* *

Et à ceux qui, cette fin, la nient, je répondrai que l'humanité comptant à peine quelques mille ans de civilisation, et quelle civilisation ! ils sont bien présomptueux, eux qui prétendent savoir ce qu'elle ne sera pas dans plusieurs millions d'années.

*
* *

C'est au nom de l'*Utilité* que tous les législateurs se sont imposés aux peuples ; et certes il ne fût jamais venu à l'esprit des hommes d'instituer des devoirs et surtout d'en accepter l'obligation, s'il n'y eût eu pour cause à leur établissement le principe supérieur de l'*Utilité*.

*
* *

Pour tout enseignement, qui veut être sérieusement efficace, l'*Utile*, voilà le critérium du *Bien*, et discerner cet utile, l'unique objet de la morale.

*
* *

Mais dans l'état de désordre et de confusion, qui règne dans le monde moral comme dans le monde social, dans les idées aussi bien que dans les faits, on voit sans cesse et partout le bien naître du mal, et le mal du bien. Et ce désordre, que d'aucuns s'imaginent l'ordre définitif et suprême, les confond. Leur tête se perd ; ils ne savent où se prendre, et sans idéal terrestre nous les voyons, aux jours de deuil comme aux jours de fête, élever vers un ciel imaginaire, leurs clameurs et leurs vœux que nulle oreille n'entend.

Ce n'est pas que le mal existe pouvant exister dont il faut

s'étonner, mais que les hommes n'aient pas assez la compréhension de leurs vrais intérêts, pour lui opposer des barrières telles que nul ne puisse les franchir. Au lieu de cela, que voyons-nous ? Les occasions de mal partout offertes, les tentations se multipliant sous nos pas, et par l'argent, presque toujours les moyens de les satisfaire. Du moment que le mal est possible, les meilleurs n'y échappent guère. Combien par exemple déplorent que l'amour au marché se vende, qui en achètent et n'en sont pas plus heureux !

*
* *

Pour être juste, reconnaissons que beaucoup seraient désolés qu'il n'en fût point ainsi, et ne s'imaginent même pas qu'il en puisse être autrement. Cela provient de la même étroitesse de vue qui fait dire aux uns : « Il y aura toujours des riches et des pauvres, » aux autres : « Il y aura toujours des guerres, » parce qu'il y en a toujours eu.

*
* *

Combien peu élèvent leurs conceptions au delà de ce qui est ou fut ! Ainsi le mal s'entretient, parce que les uns s'imaginent qu'ils en profitent, et les autres parce qu'ils reculent devant l'effort à faire pour tuer le mal dans l'avenir par ignorance ou par peur d'un mal immédiat.

*
* *

Il est clair qu'on ne saurait faire pénétrer le désir d'un ordre de choses meilleur, dans l'esprit de ceux qui trouvent dans le désordre actuel les moyens de satisfaire des passions ou des vices, qui pour eux font tout l'intérêt de vivre. — Je leur répondrai seulement qu'il leur aurait suffi de se développer dans un milieu différent, pour que se trouvent changés leurs idées et leurs goûts, et que de ce

qu'ils sont ils ne sauraient préjuger de ce qu'ils auraient
pu être.

*
* *

La civilisation qui a pour fin de faire les hommes
meilleurs, les rend pires, si, d'une part, à côté des besoins légitimes qu'elle fait naître, elle ne fournit pas les
moyens de les satisfaire normalement, et si, d'autre part,
elle n'oppose point d'entraves à la satisfaction des besoins
immoraux.

*
* *

D'ailleurs l'ordre de choses actuel pour se maintenir a
besoin de tous les vices qu'il a créés. C'est pour lui une
question de vie ou de mort que de les entretenir. La malhonnêteté est à la base, et il en faut partout. Si la grande
majorité des hommes devenait honnête, la société actuelle
ne durerait pas un jour. Faite pour les malhonnêtes gens,
elle s'éteindrait avec eux. Et ceux qui, par amour de la
justice, s'exposent aux coups de l'injustice, se font les artisans de l'avenir.

*
* *

On peut affirmer hautement que toutes les superstitions,
les erreurs, les mensonges qui pullulent dans le monde,
émanent des grands pour mieux soumettre les petits. Mais
cette soumission, je dois reconnaître que beaucoup sin-
cèrement la jugent nécessaire. Moi-même je n'oserais
soutenir qu'elle ne l'a point été dans le passé, qu'elle ne
l'est pas encore pour les races inférieures. Mais aussi j'estime qu'elle doit cesser d'être et que le bien de tous est
à ce prix.

II

Dans quelque situation que vous preniez un homme, il
n'est pas autre chose que ce que l'ont fait la Nature (1),

____

(1) La Nature est la force aveugle et créatrice qui a engendré les

l'éducation, les circonstances et le milieu dans lequel il a vécu ou il vit.

*
* *

Or, ni ce que nous devons à la nature et à l'éducation, ni les circonstances de notre existence, ni le milieu dans lequel nous avons été appelés à vivre, n'ont dépendu de notre volonté.

*
* *

Mais notre volonté eût-elle été pour quelque chose dans l'un ou l'autre de ces faits, comme notre volonté ne peut se porter que sur les objets préférés, et que nous n'avons aucune liberté dans le choix de ces objets; — que ce sont eux au contraire qui s'imposent à notre volonté, il en résulte qu'il ne saurait y avoir pour l'homme *ni mérite ni démérite*.

*
* *

Il y a seulement des êtres plus ou moins bien doués par la nature, plus ou moins bien favorisés par les circonstances.

Lorsqu'un grand conquérant caressait de sa main victorieuse ta superbe encolure, ô Bucéphale, fidèle compagnon des travaux et des gloires de ton maître, toi qui possédais

espèces végétales et animales et les a douées de la faculté de se reproduire suivant certaines lois appelées lois de la vie.

La nature d'un homme est l'ensemble de ses facultés physiques, intellectuelles et morales, en vertu desquelles il se meut aussi fatalement que les rouages d'une machine infiniment compliquée qu'une force a mise en mouvement. Dans la machine humaine, la force motrice est la vie. — Mais il faut distinguer en l'homme sa nature originaire, qui se compose de la somme de ses instincts qui le porteront plus tard à rechercher de préférence tel genre de plaisirs plutôt que tel autre dans l'ordre physique, intellectuel et moral, — de sa nature acquise, telle qu'elle résulte de la bonne ou de la mauvaise direction donnée à ses facultés natives.

les vertus du héros sans en avoir les vices, toi qui en
échange de quelques caresses, si souvent sur les champs
de bataille lui donnas tant de preuves de dévouement et
avec un si complet désintéressement qu'il ferait la gloire
d'un mortel, — s'est-il jamais trouvé un homme, à qui la
pensée soit venue de te faire un mérite de tant de brillants
avantages, qui te placent si haut parmi ceux de ta race,
qui t'ont valu l'admiration d'une armée et l'affection de
son chef, bien que tu ne les aies dues qu'à la nature et à
l'éducation des hommes !

Ainsi dans l'espèce humaine, il se rencontre parfois des
êtres privilégiés, à qui la nature et l'éducation ont départi
des qualités intellectuelles et morales d'un ordre si élevé,
qu'ils ne semblent avoir de commun avec ceux qui les
entourent que la constitution physique. Mais s'il est quelque chose capable de rabaisser le génie ou la vertu d'un
homme, c'est assurément que la vanité l'entraîne à se faire
un mérite personnel des seules qualités naturelles qui le
font admirable.

D'autre part il y a à mon sens une injustice aussi grande
à faire un démérite à un homme cruel ou pervers du mal
qu'il fait à ses semblables, qu'à un cheval méchant ou vicieux du coup de pied qu'il donne sans cause à l'homme
qui le soigne.

A l'état de nature, l'un et l'autre ne feraient qu'obéir
en tout à l'instinct qui les pousse. Vivant dans la société
des hommes, leurs défauts ou leurs vices deviennent l'objet de châtiments différents, mais tendant au même but:
les intéresser à faire mieux. Les résultats en sont heureux,

en raison de la façon intelligente avec laquelle le châtiment
est administré.

*
* *

Mais la société a sur l'individu méchant réputé incorri-
gible, les mêmes droits qui appartiennent au propriétaire
d'un cheval intraitable, outre le droit de le châtier, celui
de le supprimer (1).

Voici deux enfants : l'un doux, laborieux, sincère ;
l'autre méchant, paresseux, menteur. Certes, si je n'écoute
que le premier mouvement de mon cœur, autant j'éprouve
de sympathie pour le premier, autant est grand mon
éloignement pour le second. Cependant l'idée ne saurait
me venir de faire à l'un un mérite des excellentes qualités
qui le font heureux, ni à l'autre un démérite des détes-
tables défauts dont il est le premier à souffrir. Dans les récompenses et les éloges accordés au premier, je ne vois
qu'une manière de l'intéresser à persévérer dans ses

(1) En affirmant ici pour la société le droit de punir et jusqu'au
droit de tuer, nous voyons pour notre part, et nous espérons bien
que nos lecteurs verront avec nous, dans le sentiment de la pitié, qui
naît nécessairement de l'idée de l'irresponsabilité, une raison suffisante pour que la société ne se serve que dans des cas tout à fait ex-
ceptionnels de ce droit, que pour notre part nous ne saurions lui
refuser. C'est bien le moins que celui qui tue expose sa propre vie.
C'est ce qui dans une certaine mesure légitime le duel. La peine de
mort, en même temps qu'une sanction légitime, est un contre-poids
nécessaire. — Nous trouvons ce jour 22 janvier 1891, dans la
Petite République, sous la signature de M. Pierre Vaux, député de
Dijon, un article contre la peine de mort. Nous y relevons le passage suivant : « La société doit se défendre assurément ; mais il
est fort probable que tel criminel qui risque la guillotine, recule-
rait devant la perspective d'une sévère détention cellulaire qui serait cent fois plus cruelle que la mort. » — Eh bien ! c'est justement en raison de cette cruauté, et sans en nier l'efficacité, qu'au
nom même de l'humanité, nous lui préférons la peine de mort,
quelque horreur qu'elle nous inspire. Tuer un homme, c'est déjà
épouvantable ; le torturer, même à la façon de M. Pierre Vaux,

bonnes dispositions, et dans les punitions et les répri-
mandes infligées au second, qu'une façon de l'intéresser
à améliorer sa nature, autant qu'il est en lui.

*
* *

Récompenses, châtiments à tous les âges de la vie n'ont
d'autre objet que d'intéresser les bons à faire le plus de
bien possible, et les méchants le moins de mal possible.

Nous sommes organisés en vue des actions morales au
même titre que pour les actes intellectuels ou physiques.
Ainsi demander au lâche du courage, de la sagesse à l'imprévoyant, une grande pureté de mœurs à l'homme ou à
la femme au tempérament érotique, autant vaudrait à un
esprit vulgaire demander une œuvre de génie, à l'homme
faible et débile de soulever des poids de cent kilos.

*
* *

L'homme suivant les individus nous apparaît un lion
pour le courage, un tigre pour la férocité, un chien pour
la fidélité, un singe pour la lubricité. On retrouve en lui
la vanité du paon, la ruse du renard, la voracité du loup.
Il se révèle tour à tour ardent comme un coursier, indus-
trieux comme un castor, patient et laborieux comme la
fourmi, imprévoyant comme la cigale.

c'est jouer la comédie de la clémence, c'est la cruauté froide, voulue, durable, persistante ; elle a tous les caractères de la vengeance.
Or la société réprime, châtie, elle ne s'abaisse pas à se venger. Que
ne travaillons-nous tous à préparer le jour où elle s'efforcera surtout
de prévenir. Quant au présent, loin de souhaiter une aggravation
du sort des condamnés, nous demanderions plutôt une amélioration dans le régime des prisons et des bagnes. Loin de nous cette
fausse pitié, qui ne laisse la vie à un homme que pour le mieux
accabler.

*
* *

La nature a mis en la race humaine, en outre des vertus et des vices qui lui sont propres, toutes les vertus et les vices qui se rencontrent isolément chez les autres races d'animaux. Mais il ne dépend pas plus d'un homme de se soustraire par lui-même à la destinée à laquelle l'appellent ses instincts et ses facultés originaires, qu'il n'est loisible au lion d'imiter la poltronnerie du lièvre, au tigre la douceur de l'agneau, et *vice versa*. Cependant sa nature primitive peut être modifiée par l'éducation, et il est possible à l'homme collectif de créer telles conditions de vie, où nos mauvais instincts ne puissent trouver à s'exercer. En tout état de cause nos actes ne laissent pas d'être les effets inévitables et nécessaires de notre état physique, intellectuel et moral, au moment où nous les accomplissons.

*
* *

Souvent aussi la nature morale de l'individu se modifie d'elle-même, soit avec l'âge, soit sous l'influence de quelque événement heureux ou malheureux, qu'il n'a point dépendu de lui de faire naître ou non, et qui amène dans l'organisme humain la prédominance de tel sentiment, qui n'y jouait naguère qu'un rôle plus ou moins effacé.

*
* *

Enfin de même que les molécules de notre corps, nos sentiments, nos idées changent, se renouvellent sans cesse par l'expérience, l'observation et mille autres causes, au point que dans le *moi* d'aujourd'hui, quelle peine n'avons-nous pas souvent à reconnaître le *moi* d'autrefois ! — Un tempérament qui se modifie suffit à transformer un caractère et à produire un homme nouveau.

*
* *

L'éducation n'a pas seulement prise sur la nature de l'homme ; elle s'exerce aussi avec des succès différents sur la plupart des animaux. L'éducation de l'homme est la plus difficile. parce que c'est un être plus complexe ; mais c'est elle aussi qui donne les meilleurs fruits, parce que ses facultés intellectuelles étant plus développées, il est plus apte à saisir les rapports des choses, et à juger de ce qui lui convient le mieux. Les êtres les plus bornés sont ceux sur qui l'éducation a le moins d'effet, et son action devient tout à fait nulle, dès que nous descendons à certains degrés de l'échelle des êtres.

*
* *

Mais le mérite et le démérite moral ne sont que des mots, qui ne répondent à rien de réel dans l'organisation humaine, non plus que dans les actions bonnes ou mauvaises qui en sont les conséquences naturelles.

Il y a des gens qui sont nés pour la méchanceté, et qui mettent tout leur plaisir à l'exercer. A ceux-là on ne saurait demander la bonté : ils n'y auraient aucun plaisir. Mais s'ensuit-il qu'ils ne seraient pas plus heureux, s'ils pouvaient être bons, et d'autant plus heureux qu'ils le seraient sans effort ?

*
* *

On en voit qui mènent une vie tourmentée, à qui il suffirait pour être heureux de se laisser vivre. Mais telles sont leurs imperfections qu'ils sont non seulement malheureux par elles, mais encore par ceux qu'ils en font souffrir.

* *
*

Pour moi vainement je cherche en quoi il y a plus de mérite ou de démérite à avoir un esprit sain ou faux, un cœur droit ou fourbe, une âme généreuse ou vile, qu'à avoir un beau ou un laid visage.

* *
*

Il n'est donc pas plus ridicule de laisser glorifier son visage que de faire célébrer son esprit ou son cœur. Et il me semble que si j'avais donné lieu de louer en moi l'un ou l'autre, — peut-être ne saurais-je me défendre tout d'abord d'une petite satisfaction d'amour-propre : notre pauvre nature est si vaine et si faible, — je mettrais au moins tout de suite ma modestie à l'aise, en déclarant bien haut que je n'y suis pour rien. On a le cœur, l'esprit qu'on a, comme les pieds ou les mains. On s'en sert. Mais quelle raison d'en tirer vanité ?

* *
*

Il semble au contraire que nous devions avoir à tâche de nous faire pardonner tous nos avantages, — et c'est encore le meilleur moyen de les faire reconnaître, — en les ramenant à ce qu'ils sont véritablement, de simples dons naturels.

* *
*

Le fait est que les gens qui ont réellement de la valeur sont les plus modestes, et que les âmes véritablement portées au bien ne s'imagineraient jamais qu'il y a du mérite à le faire, si on ne le leur disait. Il s'en trouve même que l'on ne réussit pas à persuader.

* *
*

Seuls les gens de peu de cœur pensent qu'il y a beaucoup de mérite à faire peu de bien : ils ont peut-être raison.

*

L'homme à qui vient une mauvaise pensée peut la repousser souvent. Mais il est bien certain que celui chez qui les mauvaises pensées sont fréquentes, ne saurait avoir une vie aussi pure que ceux qui de mauvaises pensées n'en ont point. Leur mérite ! où est-il ?

*

On peut avoir le sentiment de sa valeur et de sa force, et les affirmer à l'occasion sans offenser la modestie, si l'on ne s'en fait point un mérite aux yeux des autres. Il y a au contraire une fausse modestie, toute de surface, sœur de l'hypocrisie : on se fait modeste pour être loué.

*

Les professeurs d'énergie ne cessent de perdre leur temps qu'avec les sujets qui, l'énergie, l'ont en eux. Encore à ceux-là est-ce moins des leçons qu'il leur faut que les occasions d'exercer un don naturel. Mais si du sujet le ressort est absent, autant vaut se croiser les bras devant sa passivité.

*

Combien, même des plus distingués, pour qui sont nulles les leçons de l'expérience, s'imaginent toujours pouvoir faire vibrer chez les autres la corde qui est en eux.

*

Ce n'est cependant pas sans raison que l'on a pu dire que chacun de nous est l'artisan de sa propre destinée.

Mais nous ne pouvons travailler à cette destinée qu'avec les armes que la nature nous a données, et dans la mesure dont elle nous en a dotés. Ces armes sont principalement l'activité, l'intelligence, la force de volonté, secondées ou contrariées plus ou moins par les circonstances et le milieu ambiant. Aussi abandonner un homme à sa malheureuse destinée, sous prétexte qu'il l'a forgée de ses propres mains, c'est commettre un crime social ; et quand l'abandonné, l'opprimé s'insurgent et deviennent criminels, ils ne sont plus que les instruments inconscients de cette *Justice immanente des choses*, que dans un trait d'inspiration géniale proclamait Gambetta, et qui en pénétrant tous les cœurs, inspirant tous nos actes, pourra seule un jour amener la fin de tous les crimes politiques et sociaux.

CHAPITRE IV

L'IMPERSONNALITÉ DANS LA SUPÉRIORITÉ

Les différentes sortes de supériorités qui existent d'homme à homme sont innombrables : supériorité de fortune, d'intelligence, de talent, de beauté, de force, de position, d'éducation, etc. A des titres différents elles sont toutes illégitimes, parce que toutes également impersonnelles.

*****

En effet elles nous viennent toutes, — ou directement de la nature, mais plus ou moins développées par l'éducation, telles que l'intelligence, le talent, la force, la beauté, — ou du hasard de la naissance comme la fortune, un grand nom, — ou de nos semblables telles que la science, l'instruction, — ou encore de qualités qui nous ont été départies par la nature : aptitudes littéraires, artistiques, commerciales, industrielles, génie d'invention, absence de scrupules pour arriver au but, auxquelles nous devons la renommée, une fortune acquise, une situation exceptionnelle, etc.

*****

Tous ces avantages, pour les avoir qu'avons-nous fait qui nous soit réellement personnel ? — Rien. Servons-nous en donc pour le bien général : nous y trouverons le nôtre ; mais ne nous en glorifions point.

*
* *

Nous voyons de nos jours plus particulièrement attaquer la supériorité de la fortune et de la naissance. Toutes les supériorités sont illégitimes, je le répète, mais non celles-là plus que les autres.

*
* *

Je me demande, en effet, si tel homme né avec le génie des lettres, ou des sciences, ou de la peinture, ou de la musique, ou simplement avec une belle voix, toutes choses qui conduisent rapidement à la célébrité et à la fortune, — a plus fait pour être né ainsi que celui qui tient de la naissance un nom illustre ou de grands biens. Assurément le plus mal partagé n'est pas l'homme de talent ou de génie. Et il jouit encore de cet avantage absolument gratuit, que pour arriver à la renommée et atteindre à la richesse, il lui est ordinairement facile d'éviter sur sa route les compromis bas et les lâches complaisances, qui se trouvent à l'origine de tant de fortunes scandaleuses.

*
* *

Quant à ceux qui s'enorgueillissent des biens soi-disant honnêtement acquis par leurs pères, vraiment il n'y a pas de quoi ; car il n'est pas un seul fils d'escroc riche, qui ne préférât être riche et fils d'un honnête homme. Enfin il n'est personne qui, devant sa fortune à de honteuses spéculations, n'aimât mieux ne la devoir qu'à son génie.

*
* *

Et puisqu'enfin l'argent est le dieu auquel nous sacrifions tous, nous ne devons pas nous étonner que chacun pour l'acquérir se serve des moyens à sa portée. C'est la lutte pour l'existence, et tant que durera cette lutte

criminelle, tout au moins profondément démoralisatrice,
dans une certaine mesure la fin justifiera les moyens.

D'où nous vient donc ce préjugé dont tant de gens sont
entichés, que l'intelligence, le talent représentent les
seules supériorités légitimes et respectables? — C'est
qu'autant nous sommes portés à dénigrer les avantages
qui nous manquent, autant il nous en coûte de ne pas
relever ceux que nous possédons. Or les hommes de
talent, les gens intelligents sont ceux qui impriment le
courant à l'opinion : ils sont intéressés à le dire, et les
ignorants le croient. — Quant à ceux qui ont en partage
le talent et la fortune, ils font volontiers le sacrifice apparent de cette dernière supériorité, pourvu qu'on leur reconnaisse les bénéfices de l'autre, et qu'on les laisse jouir
à leur aise des agréments et des commodités du luxe.

⁎

La cause en est encore que la plupart des gens qui ne
sont que riches sont si remplis de suffisance, qu'on leur
pardonne difficilement leur richesse, à cause de leur arro-
gance et de ces grands airs dédaigneux et protecteurs,
dont ils savent si bien faire parade à l'égard de ceux qui
ne sont qu'intelligents. C'est l'esprit humilié qui se venge
du dédain de la sottise. Ainsi va le monde, chacun affectant de n'estimer que les avantages qu'il possède, en
réalité envieux de ceux qu'il n'a pas. Par jalousie mes-
quine se dissimulant sous beaucoup d'orgueil, on se toise,
on s'évite, et souvent on se déteste faute de vouloir se
connaître.

⁎

A l'origine des sociétés la force seule faisait loi, et l'on
ne reconnaissait guère d'autre supériorité. Avec les progrès de la civilisation, l'intelligence a pris sa place dans

l'estime des hommes. Nous sommes loin de nous en plaindre. Cependant, tant qu'il se rencontrera des hommes, toujours prêts à se servir de leur intelligence pour en opprimer d'autres, nous ne saurions méconnaître à chaque individu, à chaque groupe le droit naturel de se servir de sa force pour se soustraire à cette oppression. Nous n'admettons pour notre part, d'une façon absolue, pas plus le droit du plus intelligent que le droit du plus fort ; et l'intelligence, comme la force, ne nous paraît respectable que dans la mesure où elle s'exerce pour le plus grand bien de tous (1).

*
* *

On peut et on doit accorder à l'intelligence qu'elle est, après la moralité, la plus haute, la plus belle, la plus désirable des supériorités. Mais quant à la laisser se targuer d'avoir le monopole de la légitimité, nous n'y souscrirons pas. Et avoir la poigne solide, une jolie figure ou la jambe bien faite, sont des supériorités infiniment moins précieuses assurément, mais ni plus ni moins légitimes et personnelles que d'avoir un esprit subtil ou profondément versé dans les mathématiques.

*
* *

Et quant à la supériorité de la fortune, en l'état actuel

(1) Il semble être une loi de nature que les plus faibles subissent la loi des plus forts. La loi du nombre n'est qu'une des formes de la loi de la force. La loi des plus intelligents en est une autre, parce qu'ils détiennent la puissance. — Pour que cette loi du plus fort, du plus intelligent, comme du plus grand nombre, soit douce aux faibles, aux déshérités de l'intelligence, au plus petit nombre, il faut que les premiers s'y sentent intéressés. Nous sommes naturellement portés à abuser de nos avantages. Notre seul frein est notre intérêt : intérêt matériel, intérêt moral. Il faut donc faire pénétrer, dans l'esprit des hommes, cette vérité que l'intérêt de tout le monde est dans l'union de tous, et que l'intérêt des puissants et des forts est de faire la loi douce aux petits et aux faibles, comme des majorités aux minorités.

des choses, il serait puéril de dire qu'elle n'a point son prix. Car outre les satisfactions légitimes qu'elle procure et les services qu'elle permet de rendre, elle donne au sage qui la possède un bien précieux entre tous : l'indépendance. Mais pour la conquérir, en dehors de ceux qui la gagnent de haute lutte par leur talent, et combien rares, que d'intrigues ! que de bassesses ou d'oppressions ! Quelle servitude ! quelle misère !

*
* *

Sur cette question de la supériorité je conclurai ainsi : Dans l'état actuel des esprits, réunissez mille personnes. Combien en trouverez-vous qui n'aient effectivement ou ne croient avoir une supériorité quelconque sur une autre personne, — supériorité dont les privilèges à leurs yeux sont sacrés ! J'estime donc que nous devrons respecter, avec les avantages qui s'y rapportent, toutes les supériorités chez autrui, tant que nous ne voudrons pas renoncer absolument aux bénéfices des nôtres.

Au point de vue physique, intellectuel et moral, comme au point de vue artistique et social, nul ne peut se dire le fils de ses œuvres. Nous ne pouvons jamais être que les fils des œuvres d'autrui.

*
* *

L'homme par lui-même n'est rien. *C'est un être absolument impersonnel, une conséquence, un effet* (1).

(1) L'ensemble de nos qualités et de nos défauts, de nos vertus et de nos vices, constitue ce qu'on est convenu d'appeler notre personnalité. Et lorsque ces qualités, ces vertus sont portées à un très haut degré, l'homme devient une personnalité. — Ce qui ne détruit pas notre conception de l'homme, être impersonnel. En effet un homme déterminé n'en est pas moins un individu dans

*
* *

L'homme ne s'étant pas fait lui-même, nul n'a pu se donner les avantages physiques, sociaux ou intellectuels qui le distinguent des autres hommes. Il a pu, il est vrai, les développer; mais il n'a pu le faire que grâce au concours de ses semblables, et à l'emploi de certaines facultés, telles que la force de volonté, qui au même titre que les autres dons de l'esprit ou du cœur, est due tout entière à la nature. Et quant à la volonté elle-même, j'entends la volonté consciente, esclave ou maîtresse de nos passions, elle ne commande pas : elle ne fait qu'obéir.

l'espèce humaine, une personne, comme nous sommes convenus de l'appeler pour le distinguer des autres animaux. Comme individu l'homme peut donc avoir une personnalité, et en tant qu'espèce être « impersonnel ». Par conséquent on dira : La personnalité d'un homme, et : L'impersonnalité de l'homme. On dira encore : la personnalité de l'homme, la personnalité de la femme en tant que genre, mais non en tant qu'espèce. — C'est donc la personnalité de l'homme que nous contestons, c'est-à-dire l'homme devant tout ou quelque chose à lui-même, et non la personnalité d'un homme, c'est-à-dire, comme nous le disions au commencement, l'ensemble de ses qualités et de ses défauts, de ses vertus et de ses vices, fruit de la nature et de l'éducation. — De même quand on dit d'un homme qu'il a des qualités personnelles, un talent personnel, on veut faire entendre qu'il a des qualités, un talent qui lui sont particuliers, ou du moins qui ne sont pas communs à l'espèce. Cependant ces mêmes qualités, ce même talent sont impersonnels en ce sens que s'ils lui appartiennent, il les doit non point à lui-même, mais à la nature, à l'éducation, à ses semblables. C'est qu'il n'y a entre ces deux termes : personnel et impersonnel, nul rapport d'opposition, mais qu'ils ont chacun leur sens propre : « Personnel », qui appartient à la personne ou qui fait partie de la personne, et « impersonnel », qui ne dépend pas de la personne, qui n'est pas le fait de la personne. Le talent est impersonnel, nos qualités sont impersonnelles, et cependant nous disons : Avoir un talent personnel, des qualités personnelles. Ainsi la pensée est impersonnelle, et cependant on peut avoir des pensées, des idées personnelles. On trouve un autre exemple de « in » en composition ne marquant pas un sens contraire dans « patient », qui a de la patience, et « impatient » qui s'impatiente. Cet homme patient est impatient. Et plus encore dans : différent et indifférent.

*
* *

L'homme supérieur, non plus qu'aucun autre, n'a donc point qualité pour s'admirer soi-même. Quel qu'il soit, il ne doit jamais voir en lui que l'œuvre de la nature et de la civilisation.

*
* *

Et cette modestie, si justement vantée, qui pare les plus beaux talents et qu'on ne rencontre jamais chez les esprits médiocres, parce qu'ils sont incapables de se bien connaître, ne serait-elle pas un sentiment contre nature, si un homme en toute vérité pouvait se dire : Je me suis élevé, je suis grand, et je ne le dois qu'à moi-même ? La logique ne serait-elle pas avec ces âmes vaniteuses, ces hommes bouffis d'orgueil, que la chance ou le hasard ont portés aux honneurs ou conduits à la fortune, et qui semblent vous dire : Regardez-moi, admirez-moi, c'est moi qui ai tout fait.

*
* *

Ah ! comme ils auraient une tenue plus digne, comme on les rechercherait, comme on les aimerait mieux si, au milieu de leur prospérité ou de leur gloire, ayant bien conscience de leur impersonnalité, simples et modestes ils venaient à vous et vous disaient : « Il a pu se faire par moi de grandes choses : j'en rends grâces à ceux qui m'ont instruit, formé, aidé ; j'en rends grâces à la Nature ».

*
* *

Du reste par instinct et dès les premiers âges, les hommes n'ont estimé chez autrui que les qualités qui leur servent : la force, le courage mis au service du groupe ou de la collectivité, les vertus militaires, puis les vertus civiques, enfin les lettres, les sciences, les arts, la philosophie plus estimée des hommes à mesure que descendant des régions purement spéculatives, elle revêt un caractère plus pratique, et qu'elle devient plus accessible à la moyenne des esprits cultivés. Or cet instinct m'apparaît mille fois supérieur à la raison de bien des gens qui raisonnent.

*
* *

Pourquoi en effet estimerais-je chez tel personnage des qualités de force ou d'esprit qu'il ne s'est pas données, s'il ne les fait servir qu'à lui-même ? C'est à l'homme qui veut qu'on l'estime à développer ses facultés dans le sens de l'utilité générale. Mais ceux qui s'en servent contre elle, assimilés à des malfaiteurs publics, toute arme est bonne pour les combattre.

*
* *

Il n'est en vérité pas plus difficile, partant plus méritoire, lorsqu'on a le cerveau organisé, de produire de belles pensées ou faire de beaux vers, que d'exhiber des biceps formidables ou soulever des poids énormes, quand on a facilement la force de le faire. Mais ceux à qui le cerveau ou les muscles manquent, ils bayent bêtement à ceux qui les ayant s'en servent. Louer le travail, admirer l'œuvre, presser la main à l'ouvrier et rendre hommage à la Nature, chacun aura son dû.

*
* *

Rien n'est donc plus facile que d'avoir du génie quand on en a. Tels le courage, la force d'âme et tous les dons qui nous valent l'admiration des simples, qui, ne les ayant pas, ont peine à concevoir qu'on les ait.

*
* *

Votre force d'âme ! n'est-ce point assez qu'elle vous serve, sans que vous prétendiez encore vous en faire un mérite aux yeux des hommes ?

* *

Ceux qui avec beaucoup de peine, et c'est rare, ont produit une belle œuvre, il ne leur a manqué qu'un peu de génie pour la faire avec moins d'efforts et plus belle.

* *

C'est un outrage au bon sens en même temps qu'une lâcheté, que d'honorer chez un homme ses qualités de force, de courage ou d'esprit, quand il ne les fait servir qu'à lui-même.

* *

La gloire des uns n'est souvent faite que de la badauderie des autres.

* *

Il y a trois sortes de gens qui s'aplatissent devant le succès : ceux qui en ont besoin, ceux qui y sont simplement intéressés, ceux qui y ont du plaisir. Les premiers, je les comprends, les excuse et les plains ; les seconds, c'est affaire entre leur conscience et eux. Quant aux derniers, je serai porté à les juger... plutôt mal.

* *

Une raison très honorable de se tenir à l'écart du triomphateur, c'est la crainte d'être confondu avec le troupeau des flatteurs.

* *

Une seule abaisse, c'est l'envie.

* *

Il n'y a de véritable générosité qu'à tendre la main aux vaincus.

*
* *

En fait l'homme ne s'est rien donné. Il doit tout à la nature, à la naissance, à l'éducation, à ses semblables. Toutes ses facultés, tous ses biens devraient être employés par lui au service de son espèce, dont il n'est qu'un produit plus ou moins bien favorisé.

Certes c'est une bien belle chose que d'avoir reçu de la nature et de l'éducation, ce don admirable de concevoir de nobles pensées, et la facilité de les exprimer, sous le feu de l'inspiration, dans ce noble et fier langage, qui constitue le grand orateur, ou dans ce rythme musical et harmonieux, qui restera toujours le secret de l'homme de génie né poète.

*
* *

Certes il est bien beau cet art du sculpteur, qui consiste pour ainsi dire à animer la pierre ; assurément c'est un art merveilleux que celui de l'artiste qui représente sur la toile d'une manière saisissante et vivante à la fois les traits d'un personnage ou les admirables scènes de la nature.

*
* *

Je l'admire ce musicien, qui arrive à faire produire dans un orchestre à des instruments si divers, ces sons tantôt tendres et doux comme un voluptueux chant d'amour, tantôt poignants comme la douleur, tantôt grondants comme le bruit du tonnerre, ces sons qui en charmant nos oreilles font que nos cœurs aiment, souffrent, tremblent, frémissent ou bondissent à l'unisson.

*
* *

Mais secouons un peu le charme, et demandons-nous un

instant si l'homme, qui nous apparaît tout d'abord comme
l'unique cause de ces merveilles, n'est point simplement
un jouet entre les mains de la nature, un acteur souvent
inconscient, prédestiné d'avance par son caractère, son
genre d'esprit et certaines circonstances de temps et de
milieu créées par le hasard, — au rôle plus ou moins
brillant, plus ou moins effacé qu'il est appelé à jouer dans
cette immense comédie humaine, dont les innombrables
personnages, en se succédant sans interruption sur cette
scène toujours la même, aux décors invariables qu'on
appelle le monde, — se modifient cependant sans cesse,
suivant une progression lente mais continue, et si évidente
que chaque acteur, au milieu des péripéties du drame,
pourrait déjà prévoir le dénouement, où de l'identité des
intérêts naîtra l'union des cœurs. — Alors, — comme en
une symphonie, où sous la main d'un chef habile se fondent
en un accord parfait cent instruments, en apparence si
discordants qu'aux yeux d'un barbare, ils ne sembleraient
jamais pouvoir s'harmoniser ensemble, — s'établira l'harmonie universelle, cette harmonie, qui ne nous paraît
à nous si impossible que parce que nous sommes encore
trop voisins du barbare.

*
* *

Tandis que tel jeune littérateur qui, à force de veilles et
d'efforts, aura péniblement composé un mauvais discours,
sera si bien convaincu d'avoir produit une œuvre remarquable, qu'il prendra pour de l'ignorance ou de la jalousie
la plus légère critique que vous oserez lui faire, — prenez
un orateur de race, qui n'aura pas encore eu l'occasion
de révéler son talent ; placez-le devant un auditoire malveil-
lant ; laissez-le, s'abandonnant à son inspiration, verser des
flots d'éloquence, — si vous n'êtes point son ennemi
et que vous ayez la réputation d'un homme compétent,
dites-lui qu'il a été faible, incorrect, déclamatoire, vingt
fois contre une il croira à votre sincérité.

* *

Que dans une nuit d'inspiration un vrai poète enfante un chef-d'œuvre, il sera long à s'en convaincre, quand un misérable rimeur, pour une œuvre de rien, croira déjà à son propre génie.

* *

Tel grand artiste, peintre, sculpteur ou musicien, aurait été facilement persuadé de la faiblesse de son premier chef-d'œuvre, quand certaines nullités vaniteuses ont emporté dans la tombe la conviction de leur génie méconnu.

* *

C'est que le propre du génie est de se manifester sans efforts. Il n'est donc pas étonnant que ceux qui en sont doués, aient d'abord besoin pour y croire qu'on le leur dise. Il est vrai qu'ensuite, à force de se l'entendre dire, ils finissent souvent par s'en trop croire.

* *

En somme si la nature vous a fait artiste dans un genre quelconque, malgré tous les obstacles vous serez artiste : les fortes vocations sont irrésistibles. Si la nature vous a créé goujat, vous ne ferez jamais qu'un mauvais maçon.

* *

Mais loin de nous la pensée, comme d'aucuns le disent, que le génie, voire même le talent, pour se développer pleinement, aient besoin de passer par les affres de la misère et de la faim. Pour nous cette opinion est simplement monstrueuse. Comme si les siècles les plus féconds en hommes de talent ou de génie n'avaient pas toujours été ceux où les lettres et les arts étaient le plus en honneur, et où les écrivains et les artistes avaient la vie la plus facile. Mais ne frémissons-nous pas au contraire devant le nombre de ceux que la misère a tués avant qu'ils aient pu donner leur mesure ! N'est-ce pas plutôt au besoin de vivre que nous devons tant de mauvais livres, et cette production à outrance, par laquelle les corps se consument et les esprits s'étiolent ? N'est-ce point à lui que nous voyons tant d'artistes sacrifier leur réputation et leur gloire ? N'est-ce point encore dans cette nécessité inéluctable que trouvent leur excuse les pamphlétaires vils et les pornographes abjects ? Nous proclamons, quant à nous, au moins chez l'homme complet, l'inutilité de la souffrance pour le bien. Pour faire une œuvre saine, il faut être sain et libre, et n'avoir pas à se préoccuper comment on mangera demain. — Délivrer l'homme des soucis de la matière, c'est affranchir l'esprit.

*
* *

Il y a des hommes rarés, qui portent en eux le don du génie et qui en impriment la marque sur tout ce qu'ils produisent. Ceux-là de toute évidence doivent tout à la nature. Mais la plupart des hommes, qui arrivent à se faire un nom dans les lettres ou dans les arts, se font peu à peu à eux-mêmes un cerveau, un cœur, un style. Ceux-ci s'imaginent qu'ils ne doivent rien à personne, tandis que plus ou moins favorisés par les circonstances, ils n'ont fait que condenser en eux, imiter, perfectionner dans leurs œuvres la manière de leurs devanciers.

*
* *

Le génie dans les sciences découvre, invente, crée. A l'ombre de leur gloire et s'en faisant une auréole, s'agite le monde des calculateurs, se donnant du « mathématicien. » Il vont, grouillent, s'agitent, discutent, tranchent.

Raisonnant en dépit de la raison, partout ils cherchent à imposer leurs solutions, traitent la question sociale comme une équation, ou la nient, parce qu'elle leur échappe (1).

.·.

Mais lorsqu'en toutes choses le mérite de nos œuvres est pour ainsi dire en raison inverse de l'effort qui les a produites, comment ne reconnaîtrions-nous pas enfin notre impersonnalité, jusqu'en nos actes les plus personnels en apparence, puisque nés pour un état dans lequel nous nous distinguons sans peine, et vers lequel nous nous sentons entraînés par une force inconnue et souvent invincible, nous devenons impuissants, dès que les circonstances veulent nous pousser vers une profession pour laquelle nous ne sommes pas faits, ou que même notre volonté nous porte à nous exercer dans un genre qui n'est qu'à côté de celui où nous excellons.

.·.

On nous opposera peut-être la pensée de Buffon : *Le génie est une longue patience* ». — Mais d'abord tout le monde sait qu'aux xviie et xviiie siècles, le mot « génie » n'avait pas toute la portée que nous lui avons assignée de nos jours, et qu'il ne signifiait guère plus que talent. D'autre part quel est bien le sens que Buffon attachait à ce mot « patience » ? Est-ce paisible attente ou constance, persévérance ? Dans le premier cas, la pensée pourrait s'appliquer au génie, qui se manifeste de lui-même, à son jour, à son heure, et ne relève que de l'inspiration, que l'on peut dans une certaine mesure préparer, mais à laquelle on ne commande pas. Dans le second cas elle con-

(1) Je supplie les « mathématiciens » qui me liront de n'en rien prendre pour eux. C'est évidemment aux autres que je m'adresse.

viendrait à un certain talent, qui ne s'acquiert en effet que par le travail, la persévérance et l'effort.

*
* *

Mais aussi peut-être ne faut-il voir, dans cet aphorisme d'un esprit brillant, qu'une de ces pensées qui vous montent au cerveau, venant on ne sait d'où, que la raison ne contrôle pas assez, et que nous croyons nous-mêmes profondes, parce qu'elles sont obscures. Nous espérons vaguement que les autres comprendront mieux que nous, ou que du moins ils chercheront à comprendre ; et le fait est que quand une pensée obscure se recommande d'un grand nom, son obscurité même fait sa fortune. C'est un thème tout trouvé à l'usage de ceux chez qui l'esprit de critique et d'examen remplace l'esprit d'invention. Souvent sans idées personnelles ils s'exercent à trouver dans les idées des autres mille choses qui n'y sont point, et auxquelles l'auteur vraisemblablement n'avait pas songé. Pour nous une pensée obscure ne vaut pas qu'on s'en occupe. Ce devrait être comme si elle n'existait point.

*
* *

Dans le même ordre de faits, lorsqu'il arrive à un grand homme d'émettre une idée fausse ou absurde, — la chose est commune, — à ce titre flattant les préjugés de la multitude, il est bien rare qu'il ne se trouve force gens pour la recueillir et la propager, sous l'autorité de son nom, comme une vérité qu'il n'est pas toujours prudent de discuter avec eux. Telle l'épithète de *fou furieux* appliquée par Thiers à Gambetta. Telle aussi cette parole de Gambetta : *Il n'y a pas de question sociale.*

*
* *

En fin de compte, eussiez-vous mis cinquante ans pour

produire un sonnet, la merveille des merveilles, que si le génie n'eût point été en vous, vous ne l'eussiez jamais produit. Chacune des parties, des parcelles de ce sonnet merveilleux constituera autant de manifestations du génie qui souffle en vous, et sans lequel tout l'effort, toute la patience du monde eussent été impuissants à vous le faire produire. Le génie ne se mesure pas à la quantité mais à la qualité. Aussi que d'esprits féconds ne laissent rien qui leur survive. C'est qu'on peut avoir l'imagination vive, hardie et n'être au fond qu'un esprit médiocre, si fait défaut la raison qui contrôle et qui règle les écarts de l'imagination.

*
* *

En résumé plus votre œuvre sera belle, moins elle vous aura coûté de peines et d'efforts, — plus votre mérite sera éclatant, et votre impersonnalité !

*
* *

De même montrez-vous en toute occasion grand, loyal, généreux, — plus vous le serez naturellement, plus vous brillerez d'un vif éclat aux yeux des hommes, mais moins aussi vous aurez de mérite à l'être.

*
* *

O moralistes, vous ne sortirez pas de là : notre mérite moral en raison inverse de notre valeur morale. CE QUI LE DÉTRUIT. Et rien de ce que vous bâtirez à l'encontre de cette vérité ne tiendra debout.

*
* *

Ainsi s'explique cette parole de Jésus, qui dut son action sur les hommes, moins peut-être à sa grande âme qu'à une profonde connaissance du cœur humain : « Il y a plus de joie dans le Ciel pour un méchant qui se repent que pour mille justes qui persévèrent. »

****

De là sans doute aussi cette morale des Jésuites, qui plus que nulle autre, a pénétré jusqu'en les abîmes les plus profonds de la perversité humaine, qui en a reculé les limites pour mieux établir sa domination, cette morale si complaisante et si lâche, que l'on rougirait d'affirmer en public, mais que chacun plus ou moins dans le secret applique à son usage, — morale au fond si profondément humaine, qu'elle prend l'homme par toutes ses fibres de bête insoumise pour le posséder, le dompter, l'annihiler. mais aussi si bassement humaine et si profondément démoralisatrice, parce qu'elle le prend surtout par ses vices, pour lui donner des chaînes, au lieu de le mettre sur le chemin de la délivrance, par l'exaltation de ses vertus. Admirable en ce qu'elle nous montre l'homme, ce qu'il est : criminelle et néfaste, parce qu'elle laisse systématiquement dans l'ombre ce qu'il peut et doit être.

** **

Mais que tu le veuilles ou non, ô homme, il n'est pas éloigné le jour où il te faudra bien rejeter le voile qui à tes regards cache la réalité, renoncer à toutes les illusions qui t'ont séduit, et ne plus voir en toi que le chef-d'œuvre des forces de la Nature. Alors en ce nouvel état, mis en pleine connaissance de toi-même, tu auras encore cette supériorité sur tout ce qui t'entoure, c'est que si, comme tous les autres êtres de la création, personnellement tu n'es rien, toi seul au moins dans ton petit univers, tu en auras la conscience.

Quant à moi, plus j'y pense, plus mon impersonnalité m'apparaît en toutes choses.

Machine à agir, à sentir et à penser, ce n'est pas parce que je le veux que j'accomplis telle action bonne ou mauvaise, mais parce que mon tempérament, mon caractère, ma moralité, — tous les trois ensemble ou le triomphe de l'un sur les autres, — me portent invinciblement à le vouloir.

*
* *

Ce n'est pas parce que je le veux que j'éprouve dans une circonstance donnée telle sensation de plaisir ou de peine, mais parce que ma nature est ainsi faite que je ne puis pas ne pas la ressentir.

*
* *

Ce n'est pas parce que je le veux que je dois à mon imagination, à ma raison, telles pensées hardies dont bien des bonnes âmes ne manqueront pas de se trouver scandalisées, mais uniquement parce que l'appareil pensant que je tiens de la nature, l'éducation que j'ai reçue de mes semblables, ma moralité, fruit de ma nature et de mes connaissances, devaient fatalement, dans les circonstances où j'ai vécu, me porter à les concevoir, — mon plaisir à les écrire, et le désir d'être utile et peut-être de me distinguer à les soumettre au jugement des autres hommes.

*
* *

Triple machine à agir, à sentir et à penser, pauvre esclave d'une organisation heureuse ou malheureuse, misérable jouet entre les mains du hasard, — organisation, hasard auxquels je dois tout et qui ne me doivent rien, — comment ne serais-je point porté, ô vanité humaine, à jeter sur toi un regard de pitié et de commisération, toi qui as cru pouvoir t'élever jusqu'à Dieu, en l'abaissant jusqu'à l'homme ?

* *
*

Machine à produire, dans le domaine de l'art comme dans celui de la pensée, mon cerveau conçoit selon qu'il est organisé, et ma main exécute non point d'après ma volonté, mais en conformité de mes aptitudes naturelles.

* *
*

Aussi bien pour être dans le vrai il ne manque aux religions, qui font de l'homme un instrument de Dieu, — ce qui le rend irresponsable, — que d'avoir prouvé Dieu : c'est ce qu'elles n'ont pas fait, ce qu'elles ne peuvent pas faire. Il est impossible de prouver Dieu par le raisonnement ; et comme il ne s'est jamais manifesté aux hommes, qu'il n'est pas vraisemblable qu'il s'y décide un jour, nous devons faire comme s'il n'existait pas. Mais puisqu'enfin il faut à l'homme un culte, j'en vois un seul vraiment auquel la raison nous convie, *c'est le culte de soi dans l'amour du prochain : c'est l'altruisme* (1). Il faut que par lui se constitue une mentalité nouvelle, où la volonté, restée jusqu'ici au service de nos désirs et de nos passions, pour des joies éphémères toujours chèrement achetées, passe tout entière au service de l'Humanité, pour que sur des bases solides s'établisse un bonheur durable.

* *
*

Certes cela n'explique pas encore le pourquoi de la vie non plus que le but du monde. Mais ce pourquoi, ce but m'apparaissent précisément au nombre de ces choses, dont je parlais au commencement de ce livre, que l'esprit ne peut concevoir. Et ne les pouvant concevoir, comment les

(1) Nous définirons l'altruisme une transposition, un déplacement de l'égoïsme : on s'aime dans les autres.

expliquerait-il ? D'ailleurs à quoi servirait à l'homme de les
concevoir et de les expliquer, s'il n'importe en rien à sa
destinée de les savoir ?

⁎
⁎ ⁎

Peut-être aussi la vie, le monde n'ont-ils ni pourquoi ni
but, et n'y a-t-il d'autre cause à leur existence que leur
existence même, et parce qu'ils ne peuvent pas ne pas
exister.

⁎
⁎ ⁎

Toujours est-il qu'avec ou sans Dieu nous ne pouvons
pas plus concevoir la vie, le monde n'existant pas que concevoir leur pourquoi et leur but. Toutes les explications
qu'on en a données s'écroulent par leur absurdité même.
Autant vaut donc convenir que si ce pourquoi, ce but
existent, c'est en dehors de nous, et pour nous comme
s'ils n'étaient pas.

DEUXIÈME PARTIE

Rôle de l'Egoïsme dans les sentiments et les actes de l'homme.

CHAPITRE PREMIER

L'ÉGOÏSME, GUIDE UNIQUE DES ACTIONS MORALES

> « La vertu, lorsqu'elle est réfléchie
> « et volontaire, est, si l'on veut,
> « un art sublime de faire remonter
> « l'égoïsme à sa source la plus éle-
> « vée ; et si La Rochefoucauld n'avait
> « pas dit autre chose, il aurait eu
> « raison. »
>
> PRÉVOST-PARADOL.

L'homme apporte en germes à sa naissance une somme plus ou moins considérable de défauts ou de qualités physiques, intellectuelles ou morales. Ces qualités et ces défauts sont susceptibles de se modifier en bien ou en mal, suivant la direction qui leur est imprimée.

*
* *

Ainsi un être né faible et débile peut, grâce à une alimentation appropriée et un certain entraînement dans les exercices du corps, arriver à acquérir une force moyenne.

* *

De même l'homme affligé d'une certaine laideur peut, par la propreté, par divers soins que comporte notre nature physique, par un air de distinction qu'il aura contracté dans le commerce de la bonne société, arriver à atteindre une beauté relative.

* *

Mais l'homme né fort, à moins de circonstances exceptionnelles, sera toujours fort, et la véritable beauté brille toujours, même sous les haillons.

* *

Notre être intellectuel et moral est susceptible de recevoir par l'éducation des modifications analogues. D'un esprit médiocre elle peut presque faire un savant ; par elle un fat se révèle parfois avec tous les dehors d'un homme intelligent.

* *

Mais l'homme qui a reçu de la nature le don du génie, quelque condition qui l'ait vu naître, réussit toujours à se faire une place à part dans le monde.

* *

Si vous êtes né bon, quelle qu'ait été votre éducation, si pervers que soit le milieu où vous aurez vécu, à un moment donné, votre bonté innée se révélera malgré tout et en dehors de vous.

* *

Si vous êtes né méchant ou vicieux, quelque soignée qu'ait été votre éducation, de quelques excellents exemples qu'on ait entouré votre jeunesse, les mauvais sentiments et les mauvaises pensées ne laisseront pas de naître en vous, et quelque soin que vous preniez de les repousser, l'occasion étant offerte, ils vous porteront à commettre une mauvaise action (1).

Cependant il est en nous une voix qui nous égare souvent, qui n'est pas toujours *obéie*, mais qui est toujours *entendue :* c'est la voix de l'*Egoïsme* (2).

(1) Il suffit même que la nature vous ait fait capable de commettre une vilenie, pour que, un milieu favorable étant donné, fatalement vous la commettiez, si d'après vos prévisions elle peut vous être utile. Il en est même qui la commettent nécessairement, inévitablement, malgré tout le mal qui en peut résulter, pour l'unique plaisir de la commettre. Mais si notre nature morale s'oppose véritablement à son accomplissement, voudrions-nous la faire que nous ne le pourrions pas. (Nous avons trouvé cette pensée sans nom d'auteur dans des notes écrites dans un temps où l'idée de faire un livre ne nous était encore venue. Mais nous ne sommes pas assez sûrs de nous pour en revendiquer la paternité. Si on nous en fait connaître l'auteur, nous le signalerons avec plaisir.)

(2) Mais, ne manquera-t-on pas de m'objecter, si cette voix de l'égoïsme qui est toujours entendue n'est pas toujours obéie, c'est donc qu'il y a des actes qui échappent à l'égoïsme ? — R. Nos actes raisonnés, ceux que nous accomplissons en conformité de notre volition, n'ont d'autre but, ainsi que nous l'établissons en maint passage de ce livre, que de poursuivre notre plus grand bien, ou, ce qui procède du même mobile, de deux ou plusieurs maux d'éviter le plus grand. Voilà bien de l'égoïsme. Quant à ceux de nos actes qui vont à l'encontre de ce plus grand bien ou de ce moindre mal, ils peuvent être l'effet du caprice, de la passion, de l'entêtement, de l'orgueil, voire même d'un sentiment généreux qui nous domine, mais il tombe sous le sens qu'ils n'échappent pas à l'égoïsme. — Aussi bien si l'homme était libre, cette voix de l'égoïsme qui est toujours entendue serait toujours obéie, et le problème du plus grand bonheur d'un homme se réduirait à un seul objet : concilier ce qui donne le mieux satisfaction à son égoïsme avec les exigences de la vie sociale. Mais le problème se complique encore par ce fait que l'homme, même lorsqu'il sait bien ce qui convient à son plus grand bonheur, n'est pas toujours libre d'y plier ses sentiments,

* *

L'égoïsme seul est capable de lutter avec succès contre les exigences de nos caprices ou la violence de nos passions ; de lui seul nous pouvons attendre la victoire, s'il a été bien dirigé, si nous avons pris conscience que le bonheur consiste moins à céder à ses caprices ou satisfaire à ses passions qu'à les vaincre.

* *

L'homme né avec un tempérament vicieux pourra ne pas cesser d'être vicieux. Mais il le sera le moins possible dans ses actes, si, en éclairant son égoïsme, vous l'avez pénétré de cette vérité, confirmée par mille faits de la vie quotidienne, qu'il n'est aucun de nos vices, pour quelques satisfactions passagères, qui ne nous vaille mille maux. — D'ailleurs déjà, et sans préjuger des conquêtes de l'avenir, il est toujours possible, par une médication appropriée, d'amender un tempérament. Il suffit que l'homme voie un intérêt à s'y soumettre, et que la société lui en fournisse les moyens. Elle y est intéressée.

* *

D'autre part il n'est pas impossible qu'un homme pro-

d'y conformer sa conduite. Il y a donc deux conditions pour qu'un homme puisse goûter toute la somme de bonheur compatible avec son organisation physique et morale et le milieu social où il vit : que son égoïsme soit bien éclairé et ensuite qu'il puise en lui-même la force morale nécessaire pour ne rien faire contre ses inspirations. Maintenant est-il dans la destinée de l'homme d'atteindre à cette compréhension et à cette liberté? Nous le croyons, et d'autant mieux qu'à mesure que les esprits seront plus éclairés et les sociétés plus perfectionnées, les barrières entre le bonheur et l'homme iront s'affaiblissant, et un temps pourra venir où trouvant à sa portée les moyens de satisfaire tous ses besoins légitimes, et où n'ayant plus d'intérêt ni d'occasion ni possibilité de mal faire, rien ne s'opposera plus à ce qu'il vive dans le bonheur et dans la liberté.

fondément vicieux par calcul d'égoïsme, devienne profondément vertueux, si son égoïsme lui en fait une loi.

.·.

Diriger l'égoïsme, c'est le salut, c'est le port où doit
aboutir l'humanité, dès que par l'amélioration des individus, elle voudra marcher à grands pas dans la voie du
progrès et des réformes sociales, qui importent au bonheur de tous.

.·.

L'égoïsme domine le monde. C'est une vérité de tous les
temps et de tous les lieux. Dieu lui-même, s'il existe
(et cela peut être, mais nous n'en savons rien), est
égoïste.

.·.

L'égoïsme est donc une force, et une force qui bien
dirigée peut porter l'homme aux vertus les plus hautes.
Pour cela que faut-il ? — Lui enseigner qu'il y a des actes
d'égoïsme qui *élèvent* et d'autres qui *abaissent*, et que
c'est dans le bien, dans la vertu, dans la sagesse, dans le
sentiment de sa grandeur morale, qu'il trouvera le mieux
le bonheur cherché.

Lorsqu'il m'est arrivé, par passion ou faiblesse de
caractère, de me laisser aller à quelque action blâmable,
je me suis senti diminué à mes propres yeux; et j'ai
compris alors combien j'aurais mieux servi mon bonheur,
si j'avais eu l'énergie nécessaire pour résister à la tentation, ou vaincre ma faiblesse.

.·.

Mais, me direz-vous, si par cette action vous vous êtes

senti diminué, combien à votre place n'eussent rien éprouvé !
Il peut donc servir à quelque chose d'être sans dignité ?

Je vous accorderai le premier point, et reconnaîtrai
même que ce n'eût pas été leur faute. Seulement je cons-
tate que leur nature est inférieure à la mienne, comme la
mienne l'est à celle d'un homme qui n'aurait point failli.
Je soutiens ensuite qu'en élevant notre nature nous nous
rapprochons du bonheur, et qu'un homme, qui n'est point
atteint dans son égoïsme par une indélicatesse qu'il a
commise, est moins près du bonheur que s'il l'eût été.
Enfin sans nier qu'un malhonnête homme puisse profiter
d'une mauvaise action, j'estime qu'il vaudrait mieux pour
lui non seulement qu'il fût assez bien doué pour ne pas la
commettre, mais encore qu'une fois commise, il en res-
sentît une forte honte, capable de le sauver d'une autre
chute dans une situation analogue.

C'est donc à élever le plus possible notre niveau moral
que doivent tendre tous nos efforts, puisque nous aspi-
rons tous à goûter la plus grande somme de bonheur possible.

Le seul moyen d'élever la nature de l'homme par l'éducation, c'est qu'elle lui montre bien l'intérêt qu'il a à le
faire. Vous aurez beau parler aux hommes de devoir,
d'honneur, de désintéressement, d'obligation morale, si
vous ne savez point y intéresser leur égoïsme, ou si la
nature ne les a point faits d'avance bons, généreux,
dévoués, vous ne serez pas entendu.

.·.

L'égoïsme bien éclairé ne suffit certainement pas pour faire un homme parfait; mais il est suffisant pour que cet homme atteigne tout le degré de perfection dont le rend susceptible sa nature imparfaite.

.·.

Tant vaut la qualité de son égoïsme, tant vaut l'homme.

Nous avons tous un égal désir d'être heureux. La quantité d'égoïsme est donc la même chez tous les hommes. Il n'y a que la manière de comprendre son égoïsme qui diffère.

.·.

L'homme ne fait pas plus le bien pour le bien que le mal pour le mal. L'un et autre ne sont que des moyens dont le bonheur est la fin.

.·.

Il est impossible de séparer l'égoïsme de la poursuite du bonheur. Le fou le cherche dans les plaisirs, le sage dans la vertu. Supprimez l'égoïsme : il n'y a plus de sages, il n'y a plus de fous. Nous ne sommes plus que de misérables pilotes précipités au milieu des tempêtes de la vie sans boussole et sans but.

.·.

On a fait mille comparaisons de la vie humaine. Pour moi je comparerai volontiers l'homme à un vaisseau, lancé en pleines eaux par la main du Hasard, au milieu de ce vaste Océan, aux mers inconnues qu'on appelle la Vie. — Sa raison est son pilote, sa boussole est l'égoïsme et le bonheur son but. Ses passions sont les tempêtes dont il doit triompher ; les difficultés de l'existence, autant d'orages qu'il lui faut surmonter ; ses tentations, les écueils qu'il doit savoir éviter. — Sa force d'âme lui est comme une carène solidement blindée, contre laquelle viennent s'émousser les traits de la fortune et glisser la haine des méchants. L'amour du prochain est le phare qui, suivant qu'il brille ou s'obscurcit, précipite ou retarde la marche du Progrès. Son génie, c'est le flambeau mystérieux, dont la proue s'illumine au fort de la tourmente pour le préserver du naufrage. Ses chagrins, ses tristesses sont la nuée dont s'enveloppe le navire en détresse ; et ses désespoirs, la vergue renversée, le mât brisé, le vaisseau désemparé prêt à sombrer. Mais l'Espérance est le rayon du soleil qui, perçant le nuage, lui donne confiance en l'avenir. Ses bonheurs sont le port enchanté, où le navire fait escale avant de reprendre le large, où ses destins le poussent. Enfin la mort est le gouffre sans fond, auquel vainement il voudrait échapper, mais qui partout dissimulé sous ses pas, tôt ou tard le saisit pour le rendre au néant d'où il vient. Mais l'Amour, c'est le foyer qui tantôt s'alimente aux désirs les plus purs, et tantôt s'entretient d'un horrible mélange de corruption et de vice, mais qui toujours activant la machine, est la source intarissable de l'éternelle Vie.

« L'égoïsme est la plaie du siècle, » a-t-on dit. — Il est, il a été, il sera la plaie de tous les siècles, tant qu'il sera mal entendu. Bien entendu au contraire, c'est par lui que s'opéreront toutes les réformes sociales ; c'est par lui que le monde animé atteindra le degré de perfection dont il est susceptible, et dont nul être intelligent ne saurait se désintéresser.

Car tandis que tous les animaux qui ne subissent pas la loi de l'homme, n'ont rien vu et ne verront rien changer dans la suite des siècles aux conditions de leur existence, si toutefois la civilisation ne les condamne pas à disparaître, — tous ceux au contraire qui ont asssocié leur vie à la sienne, tous ceux qu'a domptés son génie, tous ceux qui auront souffert avec lui des maux que son imperfection lui aura valus, verront s'améliorer leur sort, à mesure que par les progrès de sa moralité s'améliorera le sien. — Le bonheur de l'homme en effet ne sera complet que le jour où pas un être animé autour de lui ne souffrira de son fait.

**

Ainsi par la loi merveilleuse de l'évolution, qui s'étend à tous les animaux, ses compagnons d'existence, se sera accompli ce miracle de la nature que l'homme, l'être le plus déshérité, le plus malheureux, peut-être le plus cruel à l'origine, mais doué du don admirable de la sociabilité et de la perfectibilité, — se sera progressivement élevé, d'abord à la conception du bonheur absolu, puis à sa réalisation, entraînant dans ce mouvement ascendant toutes les espèces qui, dans le monde animé, ont ce privilège de jouir et de souffrir pour lui et par lui.

Tous les moralistes ont affirmé la nécessité de diriger les passions, mais non point de les étouffer, ce qui serait annihiler l'homme. — Triompher des passions, ce n'est pas les détruire, c'est leur commander ; et leur commander, c'est les faire servir au bien public, où chaque individu trouvera le sien.

**

L'égoïsme est la passion universelle dans laquelle viennent se fondre toutes les autres comme les fleuves dans l'Océan (1), et c'est celle-là seule que vous prétendriez

(1) La Rochefoucauld a dit avant nous : « Les vertus se perdent dans l'intérêt comme les fleuves dans la mer. » Cette pensée ne

détruire! Autant vaudrait penser à supprimer la mer en dirigeant le cours des fleuves.

.·.

De même que les fleuves, après plus ou moins de détours, vont nécessairement se perdre dans l'Océan ; ainsi toutes nos passions, bien ou mal dirigées, aboutissent fatalement à l'égoïsme ; et c'est par l'égoïsme éclairé, ennobli, transformé que se régénérera le monde.

.·.

Remontez à l'origine de tous les crimes et de toutes les fautes humaines, vous y trouverez toujours ou un vice du tempérament ou un défaut du caractère. Toutes nos vertus s'expliquent par une prédisposition naturelle plus ou moins développée par l'éducation.

.·.

Dans les deux cas, l'égoïsme bien ou mal éclairé est la grande force qui nous retient ou nous précipite, qui nous fait résister à notre tempérament et à notre caractère, ou nous y laisse aller sans réserve ; enfin c'est l'égoïsme seul qui laisse à nos qualités et nos vertus la faculté de se donner libre carrière, — ou qui, dans la crainte qu'ils nous égarent, comprime en nous les élans généreux.

.·.

L'homme qui, par un sentiment d'égoïsme étroit, a concentré sur une ou sur un petit nombre de personnes, toutes

nous paraît pas rigoureusement juste, parce que bien des sentiments, bien des actes échappent à l'intérêt pur, tandis qu'ils rentrent tous dans l'égoïsme.

ses facultés d'aimer, lorsqu'il vient à les perdre ou qu'elles trompent son affection, ne sait plus où se prendre, et c'est son châtiment.

.·.

Servir l'Humanité et vivre pour l'Idée, c'est peut-être le secret du bonheur.

Le sage, comme tout être ici-bas, recherche d'être heureux. Sa principale supériorité consiste à voir plus clair que les autres dans la route qui conduit au bonheur. Cette route lui est familière ; chaque sentier lui est connu ; sa prudence, toujours en éveil, est habile à lui faire éviter les obstacles et prévenir les difficultés. Son égoïsme enfin est pour lui un guide sûr et fidèle ; et c'est pour ainsi dire librement qu'il marche au but qu'il poursuit.

.·.

Quant à la foule, elle aussi sait bien où elle veut aller : au bonheur. Mais une obscurité plus ou moins profonde lui cache le chemin à suivre. Qu'une éclaircie vienne à se produire dans cette ombre, et lui montre un sentier aux abords séduisants, il la tente, et vite elle s'y précipite, croyant atteindre à l'issue désirée. Mais à peine entrée dans cette voie le désenchantement l'y suit, et force lui est de reconnaître qu'une fois encore elle s'est trompée. Le vulgaire, comme le sage, a bien son égoïsme pour le diriger ; mais cet égoïsme n'est pas éclairé, il ne voit rien dans cette nuit de l'avenir, et pour lui c'est un guide presque toujours trompeur.

.·.

Les hommes les mieux doués au point de vue de la volonté, se trouvent souvent dans le chemin de la vie dans la situation d'un voyageur qui, sachant bien l'endroit où il tend, n'en connaît pas la route. Plusieurs sentiers s'of-

frent à lui ; il est bien libre de choisir ; mais en fait sa
liberté se trouve annihilée par l'ignorance où il est de celui
qui conduit au but.

* *

C'est en éclairant son égoïsme que peu à peu vous élèverez l'homme à la dignité d'être libre (1). Mais, sa liberté
conquise, il n'aura pas cessé d'être un résultat, un produit de la nature et de la civilisation.

* *

L'égoïsme est la source où s'abreuve l'humanité. —
Cloaque impur chez les uns, comme autant de microbes
affreux, s'y développent incessamment la méchanceté, l'envie, la luxure, le parjure et la haine. — Pour les autres,
beau lac aux eaux pures, comme en une mer de cristal, du
fond à la surface viennent émerger sans cesse les passions
nobles et les sentiments généreux. — Mais de même qu'il
n'est point de mare si fangeuse que les forces de l'homme
ne puissent transformer en un lac clair et limpide, il n'est
pas si mauvaise nature que des soins intelligents en un milieu favorable ne puissent faire naître à la générosité, à la
bonté.

(1) Nous croyons en effet avec M. Herbert Spencer, ce grand
maître de l'École utilitaire contemporaine, qu'il est dans la destinée
de l'Humanité d'atteindre la perfection. Un jour peut donc venir,
lorsque sa nature intellectuelle et morale aura atteint son apo-
gée, où l'homme, vivant dans une société parfaitement organisée, saura si bien ce qui convient à son bonheur, qu'il ne trouvera
plus d'obstacles ni au dehors ni au dedans de lui-même pour le
poursuivre librement. Mais un homme, eût-il actuellement en lui-
même tous les éléments de la perfection et de la liberté, qu'il ne
saurait parvenir à se mouvoir librement dans nos sociétés modernes, où il aurait sans cesse à se heurter aux imperfections de
ses semblables et où il trouverait, comme à plaisir, semés sous ses
pas les difficultés et les obstacles, à l'accomplissement de sa destinée : le bonheur par la vertu. — Quel est par exemple l'homme
qui, par sa faute ou celle des autres, ne s'est pas trouvé, une fois
au moins en sa vie, en présence de deux devoirs inconciliables ?
Il faut pourtant choisir, et quel que soit son choix, il ne peut être
heureux.

CHAPITRE II

C'est par nos sens, plus ou moins exercés, que se constitue notre être physique ; et par notre nature et nos connaissances notre être moral.

*
* *

Je m'explique : Notre être moral tient à deux causes : la nature qui nous a faits bons ou mauvais, mais à des degrés infiniment variables, et nos connaissances, par lesquelles nous sommes susceptibles d'améliorer notre nature originaire en vue d'un plus grand bien.

*
* *

Notre moralité s'élève à mesure que nous acquérons une plus parfaite connaissance de notre destinée morale : le bonheur par la vertu.

*
* *

La conscience est la vue de ce qui se passe en nous. Elle n'est en quelque sorte que le miroir de nos connaissances, et elle se confond avec elles. Pas de connaissances, pas de conscience.

*
* *

Notre conscience est éclairée à proportion que nos connaissances se rapprochent de la Vérité morale.

*
* *

Ce n'est pas de la conscience que nous tirons nos connaissances, mais de nos connaissances notre conscience. Elle est un effet inhérent à la cause; elle en est inséparable.

*
* *

Notre conscience ne peut donc résulter que de nos connaissances, et notre volonté n'y est pour rien.

*
* *

Quand je dis que telle action est bonne, et que telle autre est mauvaise, ce n'est pas en vertu de ma conscience, mais de ma raison éclairée par mes connaissances.

Au moment d'accomplir une action, nous entendons, dites-vous, en nous-mêmes une voix qui nous dit : « Fais », si l'action est bonne, « ne fais pas », si l'action est mauvaise.

*
* *

Cette voix, que vous appelez la *Conscience morale*, ne serait-ce pas plutôt, dites-moi, le simple exercice de notre prévoyance qui, en nous montrant les conséquences avantageuses ou funestes de nos actes nous dit : *Fais* ou *ne fais pas?* Ne serait-ce pas en un mot la simple voix de notre égoïsme, cette voix qui n'est pas toujours obéie, mais qui est toujours entendue ?

*
* *

Le fait est que toute mauvaise action est sujette à des conséquences fâcheuses, ou que même en l'absence de conséquences fâcheuses qui nous échappent, elle nous dégrade moralement. Cette dégradation, indifférente à beau-

coup, l'honnête la repousse, et c'est son égoïsme qui parle
en lui et le retient de mal faire.

* *

Lorsque vous avez commis une mauvaise action et
qu'elle tourne contre vous, êtes-vous bien sûr que c'est
votre conscience, qui vous reproche quelque chose ? N'est-
ce pas plutôt votre égoïsme qui s'est trouvé mis en défaut ?

* *

Quel est l'homme à qui une mauvaise action a complètement réussi, et à qui sa conscience reproche quelque
chose ? Ce qui est presque introuvable, c'est qu'une mauvaise action ait complètement réussi à son auteur. Pour
cela il faudrait qu'elle fût l'œuvre d'un malhonnête
homme, qui serait assuré de l'impunité. Ce qui est rare.
Et encore le châtiment, ou tout au moins la crainte du
châtiment l'atteindra tôt ou tard, car il est presque impossible qu'une mauvaise action impunie ne lui en fasse point
commettre d'autres qui, elles, pourront bien ne pas l'être.

* *

Quant à l'homme d'honneur, une mauvaise action ne lui
réussit jamais complètement, car fût-il sûr de l'impunité,
elle l'humilie à ses propres yeux, et son égoïsme est atteint.

* *

Ceux-là seuls peuvent envier le bonheur du méchant qui
prospère, auxquels il n'a manqué pour le devenir qu'une
occasion propice.

* *

Il est certain que chez l'homme d'honneur, il y a des

actions que, sans souci des avantages qu'elles peuvent lui procurer, il repousse de prime abord et sans réflexion, par l'unique motif qu'elles constitueraient à ses yeux une diminution de son être. Cependant je ne lui conseillerais pas de s'y arrêter trop longtemps, si l'impunité lui semblait acquise, et s'il en devait résulter pour lui de très grands avantages ou un très grand plaisir. Le cas du ministre Baïhaut, — pour ne parler que de celui-là, — qui avait certainement une moralité au-dessus de la moyenne, témoigne du danger qu'il y en a, en certaines occasions, à consulter sa conscience. Elle finit presque toujours par capituler.

*
* *

Nous ne nous reprochons une mauvaise action qu'en raison du mal qu'elle nous fait.

*
* *

Et combien d'actes peu délicats au fond même coupables, dont, parce qu'ils n'ont eu pour nous aucune conséquence fâcheuse, avec une facilité incroyable, nous avons perdu souvent même jusqu'au souvenir. Et il n'en resterait rien en effet si, à l'occasion d'actes semblables, nous n'entendions parfois porter à l'égard d'autres personnes un jugement sévère. Nous ne pouvons alors nous défendre d'une certaine honte de nous-mêmes. Notre conscience s'éveille comme fouettée par l'égoïsme. Et quand on nous lance nos vilenies à la face, les plus cuirassés ne laissent pas que de bondir. Quel hommage à la vertu !

Ce que les hommes appellent le remords n'est ordinairement que la crainte ou l'horreur du châtiment.

*
* *

Le remords, en tant qu'il existe en dehors du châtiment,

ne peut se rencontrer que dans l'âme d'un honnête homme, qu'un moment de faiblesse a entraîné à commettre une mauvaise action. Mais la peine qu'il éprouve n'a pas d'autre cause que le regret d'une action par laquelle il se sent diminué : c'est par son égoïsme qu'il souffre.

*
* *

Mais, me dira-t-on, pourquoi se sent-il diminué ?... — Parce que son action est contraire à sa moralité habituelle ; parce que nous ne pouvons pas faire le mal, sachant que c'est le mal, sans qu'après l'avoir commis, nous ne sentions valoir moralement moins qu'avant de le commettre, et que ce ne peut être impunément, sans douleur morale, qu'un homme de bien se voit descendu, ne fût-ce que momentanément, au niveau de tel misérable que pour un fait analogue, il méprisait naguère.

*
* *

Le méchant, lui, ne connaît que la crainte du châtiment ; mais il n'est jamais assez sûr du secret de son crime pour y échapper entièrement.

*
* *

Quant aux personnes qui n'ont pas su complètement dégager leur esprit de la terreur d'une autre vie, elles n'échappent jamais absolument à cette peur du châtiment. Or, c'est cette terreur superstitieuse qu'on a toujours prise pour du remords. C'est elle qui amène certains scélérats à avouer à l'article de la mort des forfaits, pour lesquels ils ont bravement laissé condamner des innocents. Et ceux qui de leur plein gré viennent s'offrir au châtiment pour sauver un non coupable, sont de la race des égarés mais non des criminels.

*
* *

Non point que nous prétendions nier, — tout ce qui

précède l'affirme au contraire, — l'existence d'une peine
morale résultant ou pouvant résulter d'une mauvaise action
que nous avons commise. Appelez-la le remords, si vous
voulez. Nous-même n'avons pas d'autre nom à lui donner.
Mais ce que nous nions ici de toutes nos forces, c'est le remords en tant que sanction morale attachée à l'acte lui-
même. En effet cette peine est proportionnelle non point
à la faute commise, mais à la valeur morale de l'individu,
s'il en a, en sorte que ce sont les meilleurs qui sont les
plus punis, et pour les moindres fautes. Quant à ceux qui
de valeur morale n'en ont point, ou qui, avec plus ou
moins de bonne foi, trouvent des excuses au mal qu'ils ont
pu faire, ils n'ont pas le moindre regret tant qu'ils se
croient assurés de l'impunité. Mais que la peur du châtiment vienne à se produire, en même temps surgit le remords toujours grandissant à mesure qu'approche le
moment de l'expiation. Il dure autant qu'elle et s'éteint
avec elle. Mais sa mesure est comble, quand l'heure du
supplice a sonné.

*
* *

Le remords moral, chez les personnes qui s'en croient
réellement atteintes, ne peut être que le résultat d'une
hallucination.

*
* *

A force d'entendre parler de l'existence de la conscience
morale, bien des gens se figurent qu'effectivement elle
existe.

*
* *

Combien de personnes, quand elles disent: « Ma conscience ne me reproche rien, » ne sont sincères que parce
que n'ayant pas en effet de conscience, elle ne saurait leur
reprocher quelque chose.

Avec cette idée bien arrêtée de l'existence de la conscience morale, et le fait que cette conscience ne leur reprochait rien, d'aucuns, mille fois dignes du mépris public, en sont arrivés, et d'assez bonne foi, à se croire les plus honnêtes gens du monde.

Tel individu peut avoir la conscience qu'il est un malhonnête homme ; mais la preuve qu'il n'y a pas en lui de conscience qui lui reproche quelque chose, c'est qu'il ne cesse pas de l'être. A moins que le voulant, il ne le puisse ; et alors, la conscience, si elle existe, je vous le demande, à quoi sert-elle ?

J'ajouterai qu'il est aussi beaucoup d'abominables coquins, qui n'en ont même pas la conscience.

Prenez dix gens de bien. Mettez-les en présence d'une situation compliquée, difficile, où leur devoir, leur honneur est en jeu ; faites que chacun d'eux ne s'inspire que de sa conscience : vous aurez dix attitudes différentes.

C'est que la conscience, même chez les honnêtes gens, n'est pas une. Ce qui fait le fond de notre conscience est mystérieux, complexe, tient à mille causes impossibles à analyser. Chacun à la sienne, qu'il préfère aux autres, parce qu'elle seule correspond à sa manière de comprendre son égoïsme.

Tandis que les esprits simples agissent d'un trait : c'est

bon ou c'est mauvais, — les esprits compliqués ne savent pas prendre une détermination, et laissent ainsi souvent passer l'occasion de bien agir. Et je n'envisage ici que les honnêtes gens, qui ont le sentiment de leurs bonnes intentions. Qu'attendre ordinairement de bon des consciences obscures, qui sont le plus grand nombre ?

*
* *

La satisfaction intérieure qu'éprouve l'homme de bien, ne lui vient pas de la conscience, mais du sentiment qu'il a de sa valeur morale, sentiment qui l'élève à ses propres yeux, et lui fait trouver du plaisir dans l'estime de lui-même. Aussi bien, si c'est là ce que vous appelez la conscience, je vous l'accorde.

*
* *

Mais il y a plus de gens qu'on croit à qui les bassesses ne coûtent rien pour parvenir. En se frottant aux puissants du jour, ils s'imprégnent de leur morgue : personnages de comédie, ils font la roue, et n'ont que dédain affecté pour les honnêtes gens, auxquels leur dignité a fermé les portes du succès.

Désirez-vous vivement quelque chose que vous défend *a priori* ce que vous croyez être votre conscience, il est bien rare qu'avec la réflexion, vous ne trouviez force bonnes raisons, qui autorisent ou du moins qui excusent l'acte que vous voulez faire.

*
* *

L'idée de la conscience morale, à l'origine une erreur de psychologue, nous a été transmise par l'éducation. Chacun de nous la façonne selon les besoins de son égoïsme.

*
* *

L'homme agit ordinairement d'après ses penchants et ses goûts. La seule chose qui l'en fasse dévier, c'est son égoïsme.

*
* *

Mais s'il n'y a pas en nous de conscience morale, guide et juge infaillible du bien et du mal, il y a des états d'âme aussi nombreux qu'il y a d'êtres pensants. Ce sont ces différents états d'âme qui constituent la conscience d'un homme. Et comme nous passons d'un état d'âme à un autre avec une singulière inconstance, nous avons rarement la même conscience deux jours de suite. Ce que nous nous reprochons le matin nous nous en louons le soir, et *vice versa*.

*
* *

Et quand, à quelques années d'intervalle, à quelques jours, parfois à quelques heures, on se demande comment on a pu accomplir certains actes, on en demeure soi-même confondu. Pourtant quand nous les avons faits, ils nous ont paru naturels. C'est qu'ils étaient alors conformes à notre état mental du moment.

*
* *

Ainsi nos actes aux différentes époques de notre existence marquent les degrés de notre moralité. Et c'est par eux que nous pouvons nous rendre compte à nous-mêmes si nous avons descendu ou monté.

*
* *

Mais de même qu'au même jour, à la même heure, le thermomètre monte ou descend suivant l'exposition et les lieux, chez le même homme sa moralité s'élève ou s'abaisse suivant les circonstances et le milieu.

* * *

Observons pour finir que tel a la conscience excessivement délicate en certaines matières, qui l'a au contraire très large sur d'autres points. C'est ce qui nous égare si souvent sur notre propre valeur morale, et qui fait que nous nous jugeons parfois moralement supérieurs à d'autres hommes, qui cependant valent bien mieux que nous.

* * *

La conscience, c'est de l'égoïsme qui s'éclaire.

* * *

Une haute conscience, c'est de l'égoïsme qui s'épure.

* * *

Notre conscience est changeante, parce que notre égoïsme est inconstant.

* * *

C'est en fixant son égoïsme que l'homme atteindra à l'immutabilité de la conscience.

* * *

L'égoïsme de l'homme ne sera définitivement fixé, que lorsqu'il aura acquis la parfaite connaissance de sa destinée : le bonheur par le Bien, et que sa conception du Bien, du Beau et du Vrai, qui ne font qu'un, sera parfaite.

* *

En résumé *l'homme n'a de conscience que celle que par égoïsme il se fait lui-même.*

+ +

Que cet égoïsme vienne à monter très haut, la conscience s'élève avec lui, et de lueur vague et flottante, illuminée par la raison, elle peut devenir e flambeau de la Vie. Mais elle n'aura pas cessé d'être un produit de l'égoïsme.

L'homme peut se faire une conscience par la raison : la nature ne lui en a pas donné.

La conscience pleinement développée est comme la synthèse — de nos connaissances, qui nous donnent la vision du Bien, — de notre raison, qui nous le fait estimer, — de notre égoïsme, qui nous le fait aimer, — de la liberté enfin, qui le fait faire. Tel sera l'état de l'homme parfait.

CHAPITRE III

DE L'AMITIÉ. — LE DÉSINTÉRESSEMENT. — BIENFAIT ET RECONNAISSANCE

Notre égoïsme se révèle tellement dans l'attachement que nous portons aux personnes, que cet attachement cesse, dès que n'existent plus les causes de plaisir personnel qui l'avaient fait naître.

*
* *

L'amant le plus passionné ne s'attache à sa maîtresse, qu'aussi longtemps qu'il trouve du plaisir dans son commerce. Le jour où le plaisir cesse, l'amour s'en va (1).

(1) On nous a fait cette objection : « N'est-ce pas plutôt que le plaisir s'en va quand l'amour cesse ? » — Non, car l'instant qui a précédé celui où vous avez commencé d'aimer une femme, elle vous était indifférente. Ce n'est donc pas pour son plaisir, à elle, que vous l'avez aimée, mais pour le vôtre. Votre attachement pour la personne aimée croît en raison du plaisir qu'elle vous donne ou que vous en espérez. Qu'une infirmité subite ou un défaut ignoré vienne faire obstacle au plaisir tel que vous l'avez rêvé, comme par enchantement l'amour en tout ou en partie disparaîtra de votre cœur. S'il y a des affections qui naissent ou subsistent en dépit des disgrâces du corps, c'est qu'alors il existe entre deux êtres quelque chose de supérieur à l'amour : l'union de deux cœurs qui s'estiment et qui s'aiment. — Mais pour nous en tenir aux cas ordinaires, à mesure que vous découvrez dans la personne aimée tels défauts physiques ou intellectuels ou moraux qui diminuent le charme de son commerce, votre amour va s'affaiblissant, et le jour

*
* *

Ce que l'homme aime dans la femme, c'est l'instrument de son plaisir. Dès que l'instrument ne répond plus à ses aspirations, si le devoir n'intervient, la femme est trompée ou même abandonnée.

*
* *

Si en amour la femme n'est pour nous qu'un instrument de plaisir, soyons assurés qu'elle nous le rend bien. — Nous n'insisterons pas d'ailleurs sur les sentiments et les actes inspirés par l'amour, qui, de l'avis de tous, est la manifestation de l'égoïsme dans son plus haut degré d'intensité.

*
* *

Je voudrais seulement prémunir les personnes qui me liront contre cette étroitesse d'esprit, qui leur fait croire que l'amour donne des droits, alors qu'il n'implique que des devoirs. Aimer n'est rien, savoir aimer est tout, et savoir aimer, c'est se dévouer à ce qu'on aime. — Mais pour plaire il faut surtout amuser. Ainsi s'explique le succès des bouffons auprès des femmes folles, ou qui s'ennuient.

Il n'est point nécessaire d'aimer les hommes pour les servir. Il suffit de se bien aimer soi-même : les servant, on s'en sert.

Mentir aux gens qu'on aime, n'est souvent qu'un art de les rendre heureux : la vérité ne va qu'aux forts.

où vous ne trouvez plus en elle rien qui vous charme, plus de plaisir et plus d'amour. C'est l'espoir du plaisir qui donne naissance à l'amour, c'est lui qui l'entretient ; et que la cause vienne à disparaître l'effet cesse et nous n'aimons plus, au moins d'amour. Ne citons que pour mémoire le cas le plus fréquent où l'amour tue l'amour par lassitude.

* *

A la femme qui vous trompe, alors que son infidélité seule vous touche, vous reprochez son mensonge, comme si ce mensonge, la petitesse de votre égoïsme ne lui en faisait point une loi.

* *

Les flatteurs ne sont pas toujours les êtres fourbes qu'on s'imagine. Leurs intérêts s'accordent si bien avec l'amitié qu'ils vous témoignent qu'ils sont sincères le plus souvent.

* *

Ce qui assure le succès des flatteurs, auprès même des plus prévenus contre eux, et si exagérés que soient leurs compliments et leurs protestations, c'est que par amour-propre on s'imagine toujours les mériter quelque peu.

* *

On peut dépasser les bornes de la bêtise, et n'être jamais trouvé bête par ceux dont on se borne à flatter les pré-jugés. Mais si vous avez quelque esprit et que vous vous en serviez à prouver aux gens qu'ils ont raison, quand ils ont tort, vous leur apparaissez aussitôt sous les espèces d'un homme supérieur.

* *

Auprès des femmes la flatterie réussit toujours. Les plus laides, celles-là mêmes qui en ont conscience, et c'est rare, sont souvent les plus sensibles à un compliment bien tourné. Leur envoyât-on de l'encensoir au travers du vi-sage, leur première pensée est que, si elles étaient si laides, on n'oserait leur faire si gros compliment. — Il n'y a qu'auprès des très jolies femmes qu'on réussit quelquefois par l'absence de compliment : ça les change.

* *

Quand on raconte ses peines aux indifférents, il faut que ce soit pour sa propre satisfaction, ou parce qu'on veut qu'elles soient connues de beaucoup ou d'un petit nombre. Mais qu'il soit bien entendu que chacun a trop de ses propres misères pour s'intéresser véritablement à celles d'autrui. Si l'on vous écoute, c'est par pure complaisance ou par curiosité souvent mauvaise : on aime à savoir les autres malheureux, ça console. — Auprès des gens qui souffrent, tout entiers à leurs peines, nous ne rencontrons qu'indifférence pour les nôtres. Auprès des heureux, s'il y en a, nous ne sommes plus que des fâcheux qu'on évite.

* *

Mais rien ne nous est désagréable, quand nous avons des peines, comme d'entendre les autres raconter leurs joies. Tandis que le mal d'autrui nous est si doux au cœur, que nous versons des larmes délicieuses au récit d'une grande infortune, ou à la vue d'une poignante scène de théâtre. Il y a même des âmes tendres, auxquelles il faut de la misère pour exercer leur charité.

* *

Aussi pour qu'on les lise, les romanciers et les poètes ne nous peignent guère que le mal de vivre, ou, s'ils en abordent les joies, c'est en des pages d'érotisme, où nos sens excités nous donnent l'illusion des plaisirs décrits.

* *

Telle quelle la vie serait insupportable, si nous n'avions la vue des maux des autres pour nous aider à supporter les nôtres.

*
* *

Nous pouvons faire les vœux les plus sincères pour le succès d'autrui ; nous pouvons même y aider de toutes nos forces. Mais quant à se réjouir pleinement du plein bonheur d'autrui, il faut une vertu bien rare.

*
* *

Il y a deux moyens pour se faire des amis : l'un onéreux, mais qui élève; l'autre qui rapporte, mais qui abaisse. Le premier consiste à rendre des services, le second à savoir s'en faire rendre. L'homme qui nous oblige, c'est une dette que nous contractons envers lui. On oublie volontiers son créancier ; on ne perd jamais de vue son débiteur.

*
* *

Il y a aussi deux sortes d'amis : ceux qui sont utiles ou qui peuvent le devenir, et que l'on soigne; ceux qui l'ayant été ne le sont plus, dont on s'éloigne. — Heureux lorsque, pour s'en défaire, on trouve dans son entourage quelqu'un qui vous y aide, et sur qui l'on en puisse rejeter la responsabilité. — C'est comme pour les parents riches et les parents pauvres.

*
* *

L'amitié qu'on témoigne aux grands hommes, tient souvent plus à la vanité de ceux qui l'éprouvent, qu'à un profond dévouement pour ceux qui l'inspirent.

*
* *

L'amitié entre deux êtres de valeur égale est toute faite de dévouement et de sacrifices réciproques.

Les amitiés les plus vives ont été brisées le jour où l'une des parties n'a plus trouvé son compte dans cet échange de bons procédés, qui est la cause première et durable de tout attachement de ce genre.

Il vient toujours un temps où les amis servent et un moment où ils en...nuient.

Les liaisons de pure sympathie, résultant d'une estime réciproque, d'une grande conformité d'esprit et de goûts, peuvent seules à l'amitié faire porter tous ses fruits et donner à notre égoïsme satisfaction entière.

Ce qui rend le rôle d'ami si difficile, c'est notre complaisance à écouter ceux qui nous flattent, et notre peu de goût à entendre ceux qui nous disent la vérité.

Nous ne voyons dans nos amis que ce qui peut nous les faire aimer, et dans nos ennemis que ce qui peut justifier notre haine.

Mesurez votre attachement et votre confiance à l'égard de vos amis, à l'attachement et à la confiance qu'ils vous témoignent, afin que si la rupture vient d'eux, vous ne regrettiez rien. Dépassez-les en bons procédés et en services rendus, afin que si la rupture vient de vous, vous ne vous reprochiez rien.

Ceux qui par égoïsme mal entendu mesurent leurs bienfaits aux services qu'ils reçoivent, trop portés qu'ils sont à
exagérer les uns et à diminuer les autres, subissent ce
châtiment de ne point conserver d'amis.

Nous ne trouvons d'amis que parmi ceux qui ont intérêt
ou plaisir à notre commerce. Or, nous avons tous besoin de
nous faire des amis. C'est à celui qui veut qu'on l'aime à
savoir se rendre utile ou agréable.

Mais du moment que nous n'apportons à personne un
dévouement absolu, ce dévouement, il faut bien se garder
de l'attendre des autres. Mais veillons sans cesse à ce que
nos amis ne jugent pas payer trop cher les plaisirs que
nous leur donnons, — ne fût-ce, si nous tenons à eux, que
par crainte de les perdre. Si cette attention dans la conduite était toujours de part et d'autre observée, combien
s'en trouveraient relevés les charmes de l'amitié !

Rien ne nous honore plus que la confiance de nos amis.
Que notre discrétion leur soit un sûr garant qu'ils ont bien
placé leur estime !

Vingt amis vous dupent ou vous trahissent. Un seul
vous est fidèle : on y gagne. Peut-être aussi faut-il passer
par les vingt pour atteindre l'autre.

Les amis pullulent dans le monde. Heureux qui dans sa
carrière a rencontré un ami.

Soyons sévères dans le choix d'un ami. Mais lorsque nous avons placé notre confiance en un homme que nous avons jugé digne de notre estime, mieux vaut s'exposer à être trompé par lui, que de lui faire l'injure de lui cacher quelque chose.

Il semble que nous ne soyons plus l'ami de quelqu'un, dès qu'il nous mesure sa confiance.

Un sentiment de délicatesse intime fait que nous nous sentons plus obligés envers l'homme qui nous a dit son secret, qu'envers celui à qui nous avons confié le nôtre.

Il est impossible que nous soyons l'ami de quelqu'un en dehors du *moi* intéressé. Ce sont les amitiés que nous inspirons, bien plus que celles que nous ressentons, qui font notre éloge.

Quand je sacrifie mon plaisir à celui de mon ami, je sens bien que je ne fais qu'accomplir un acte d'égoïsme intelligent. En effet je suis heureux de son plaisir, et en résistant à son désir, je souffrirais de sa peine. Enfin je m'assurerai d'autant plus le cœur de mon ami, qu'il trouvera plus d'agrément dans mon commerce, et je pourrai à l'occasion compter sur son dévouement en raison de l'amitié que j'aurai su lui inspirer.

Ce que nous recherchons dans l'amitié, c'est notre propre

bien. La meilleure manière de l'y trouver, c'est de provoquer le dévouement de nos amis en leur prodiguant le
nôtre.

* *

Non point que nous voulions dire que c'est toujours par
intérêt que nous nous attachons aux personnes, — nous proclamons bien haut notre foi au désintéressement, — mais
c'est toujours par égoïsme, conscient ou inconscient, toujours en vue d'un plaisir personnel. Ne fût-ce chez les personnes aimantes que pour donner satisfaction à un besoin
impérieux d'aimer.

* *

Je prends pour exemple une union stérile, où l'on en
vient à adopter avec bonheur tel enfant abandonné, qui la
veille encore était indifférent et auquel on se dévoue, on
s'attache pour la vie. Est-ce par intérêt ? — Non sans
doute. Est-ce par égoïsme ? — Évidemment oui.

* *

C'est donc à tort que l'on a jugé l'égoïsme inconciliable
avec une affection sincère, absolue, désintéressée. Ce qui
est seulement vrai, c'est que nous ne sommes pas libres
dans notre manière d'aimer, qu'il en est d'elle, comme de
tous nos sentiments et de tous nos actes : elle dépend de
notre tempérament, de notre caractère, de notre moralité,
— et que, de quelque façon que nous aimions, ce peut
être en dehors d'un plaisir personnel, en dehors de
l'égoïsme.

* *

Malgré toutes ses fautes, malgré ses crimes même, —
et en obéissant à son cœur elle remplira son devoir, —
une vraie mère aimera son enfant, parce que cet amour,
c'est sa vie, et que le pire des maux qu'elle pourrait se

faire à elle-même, serait encore, en supposant qu'elle en fût capable, de tuer cet amour qui la déchire et meurtrit.

.·.

Mais si nous pouvons être désintéressés dans nos sentiments, nous ne le sommes jamais dans ceux de nos actes qui n'en procèdent pas directement ou indirectement. — Aussi dans les actions les plus généreuses de nos adversaires, cherchons-nous rarement en vain le mobile intéressé ; et quand nous croyons l'avoir trouvé, nous chantons victoire. Mais quand même il serait établi que toutes nos actions ont un mobile intéressé, la noblesse ou la bassesse de ce mobile n'en serait pas moins pour nous une cause d'estime ou de déconsidération.

.·.

Ce qu'on aime dans autrui, c'est soi-même. Et puisqu'aussi bien les choses sont ainsi et ne peuvent être autrement, pourquoi n'en point convenir ? Que de malentendus ainsi évités ! Et peut-être ne se croirait-on plus autorisé à tourmenter les autres, sous prétexte qu'on les aime.

II

D'où vient donc que tant de gens admirent le *désintéressement*, et que si peu le mettent en pratique ? — *Le désintéressement est une manière intelligente et noble de servir son égoïsme : il n'est pas à la portée des âmes vulgaires.* — C'est sans doute aussi que le désintéressement des autres nous profite.

.·.

On ne saurait être désintéressé sans plaisir. En fait l'homme désintéressé est celui qui sacrifie un intérêt matériel à un intérêt moral qui lui est plus cher.

**

Mais il n'est donné qu'à peu de gens de connaître les joies du désintéressement, et par suite de le faire passer dans leurs actes. Ainsi l'attendre d'un avare, qui par nature ne saurait goûter d'autre plaisir que celui de la possession, autant vaudrait demander au chardon de produire des roses.

**

Tandis que le désintéressement germe et fleurit au cœur d'un homme bien né, aussi naturellement que les boutons de roses chaque printemps viennent éclore aux tiges d'un rosier. Et comme certains rosiers ont en certains climats des roses en toutes saisons épanouies, ainsi il y a des êtres privilégiés chez qui le désintéressement est de toutes les heures, de tous les instants.

**

Et s'il m'est permis de poursuivre la comparaison, l'éducation, le milieu où elles se développent sont aux natures désintéressées ce que sont aux rosiers une bonne culture et un terrain propice. La nature les a également engendrés, et c'est à l'art humain qu'il est donné, en les multipliant, de leur faire porter les plus beaux fruits.

**

Enfin il se dégage de ces êtres d'élite pour ceux qui les entourent, un charme aussi irrésistible que celui qu'exerce sur l'abeille qui butine le doux parfum des fleurs. Ils se sentent estimés, aimés, recherchés; tout sourit autour d'eux; les mains se tendent sur leur passage; le riche les honore, le pauvre les bénit; on les loue, on les fête; et si le bonheur n'es point là, je vous le demande, où donc est-il (1)?

(1) Cependant nous devons reconnaître qu'un homme, surtout s'il a charge de famille, doit savoir régler son désintéressement à

.·.

Mais si le désintéressement est par excellence la source
du bonheur, il faut chercher ailleurs et plus haut encore
un remède contre les grandes douleurs. Il est en effet des circonstances où l'homme, pour se soustraire au mal qui l'op-
presse, a comme besoin de s'oublier lui-même. Il faut alors
que son activité puisse se porter tout entière sur que'que
grand et noble objet, par lequel il aura su se laisser séduire
au temps de sa prospérité. D'où l'intérêt pour chacun
d'avoir en tout temps, en tout lieu une chimère à cares-
ser, un idéal à poursuivre. *Or, il est un idéal utile à l'individu comme à l'espèce, et que tout homme devrait porter
en soi : c'est le Progrès humain.*

.·.

Le fait est que plus un homme a placé haut son idéal,
plus il plane au-dessus des mille misères qui tourmentent
le vulgaire, moins elles peuvent l'atteindre et plus il est
heureux !

III

Dans les services que nous rendons aux personnes, nous
ne devons point compter sur leur reconnaissance. Car il
suffit que nous fassions le bien dans une vue intéressée,
pour perdre par cela même tout le bénéfice de notre action.
Ceux-là seuls sont dignes de la reconnaissance qui ne l'ont
point escomptée.

.·.

C'est le propre de l'égoïste intelligent de faire le bien
avec un complet désintéressement. Car pour ne pas se
créer de déceptions, il ne comptera point sur la reconnaissance des hommes. A son défaut le plaisir d'obliger lui
reste, et c'est sa récompense.

sa fortune, et que si tout le monde, dans une certaine mesure, peut
être désintéressé, — il y a tant de façons de l'être, — le désintéressement, par le temps qui court, est surtout une vertu de riche.

.˙.

Beaucoup de gens gémissent sur l'ingratitude des hommes, qui ont donné un œuf pour recevoir un bœuf. Combien aussi se plaignent du manque de reconnaissance chez un homme qui, de son côté, croit leur avoir payé plus qu'il ne leur devait.

.˙.

Dans tous les cas on ne doit jamais attendre qu'une reconnaissance proportionnée au service rendu. Et si, sans raison suffisante, nous nous rendons coupables vis-à-vis de la personnne obligée d'un mauvais procédé, il semble qu'elle nous ait payé sa dette.

.˙.

En somme la reconnaissance est-elle absolument un droit ? — Non. Est-elle toujours un devoir ? — Oui.

.˙.

Mais la reconnaissance est elle un devoir intéressé ? — Oui : 1° parce qu'elle élève et rend heureux celui qui est capable de la ressentir et de la manifester ; 2° parce que nous ne pouvons demander aux autres de se montrer reconnaissants, si nous croyons pouvoir nous en dispenser nous-mêmes ; 3° parce que nous trouverons des personnes disposées à nous obliger, en raison des témoignages que nous aurons su donner de notre esprit reconnaissant ; 4° enfin parce que la reconnaissance est un agent des plus puissants pour développer l'amour parmi les hommes en les excitant au bienfait, tandis que l'ingratitude, en semant parmi eux la défiance, est un ferment incessant de haine et de discorde.

.˙.

Cependant soyons discrets dans nos façons de témoigner

notre reconnaissance. Il y a de telles gens qui manifestent la leur de manière si bruyante qu'on en vient à regretter le bien qu'on leur a fait.

.˙.

Il y a aussi certaines façons de remercier qui frisent la mendicité.

Quand ils ont tiré d'un homme, en fait de services rendus, tout ce qu'ils en pouvaient attendre, certaines gens ont une façon bien simple de s'acquitter sans qu'il en coûte rien : c'est de se brouiller avec lui.

.˙.

Il vaut infiniment mieux rendre des services que d'en recevoir. Car la peur de paraître ingrats nous tient à l'égard de ceux qui nous obligent dans une sujétion gênante, au lieu que nous nous sentons parfaitement libres vis-à-vis de ceux qui sont nos obligés.

.˙.

Soyons prodigues de nos bienfaits, mais n'en recevons qu'avec une excessive réserve.

.˙.

En tous cas n'acceptons les services de nos amis que jusqu'à concurrence des sacrifices que nous sommes disposés à faire pour eux. Outre le motif de dignité il en est un autre, c'est qu'à l'occasion ils se croiront assez justement en droit d'exiger de vous en raison de ce que vous en aurez reçu.

.˙.

Quand on s'est servi des gens indignes pour atteindre à

des fins même honnêtes, tôt ou tard ils se tournent contre vous avec vos ennemis. Mais on est mal venu à se plaindre de leur ignominie, parce qu'elle vous nuit ou à la cause que vous défendez, — n'eût-on fait que la laisser passer au temps où elle servait.

⁘

Nous devons en toute occasion répudier le concours des menteurs. Faute de quoi nous sommes désarmés contre eux, quand il leur plaît de mentir contre nous. Quant aux menteurs eux-mêmes, il est bien rare qu'après avoir long-temps vécu de leurs mensonges, ils n'en meurent.

A la maxime tristement égoïste « *Prodigue pour soi-même ; avare pour les autres,* » au nom de l'égoïsme, je préfère la maxime contraire : « *Avare pour soi-même ; prodigue pour les autres.* »

⁘

En effet la prodigalité pour soi-même dépasse toujours la mesure ; et c'est en croyant le plus nous être utiles que nous nous faisons souvent le plus de mal.

⁘

L'avarice envers nos semblables nous isole dans la vie, en nous ôtant leur sympathie et leur estime. Inutiles aux autres, nul ne s'intéresse à nous, et nous finissons par nous tomber à charge à nous-mêmes.

⁘

Tandis que prodigues pour les autres, il y a peu de chances que nous le devenions trop, et moins encore que nous poussions jusqu'à l'excès notre avarice pour nous-mêmes.

.˙.

En fait plus nous nous sacrifions pour autrui, plus nous travaillons à notre propre bonheur. C'est en raison du bien que nous faisons autour de nous que nous étendons le cercle sympathique où se meut notre existence ; la vue des heureux que nous avons faits nous réjouit ; leur joie rayonne jusqu'à nous ; et plus ce cercle s'étend, plus aussi se manifestent les liens invisibles qui nous unissent à notre prochain ; plus enfin s'accroissent pour nous les chances de vivre des jours heureux.

.˙.

Et qu'on ne vienne pas nous parler d'ingratitude ! Les ingrats sont les morts du bataillon sacré que nos bienfaits ont créé pour concourir à notre propre félicité ; on fait serrer les rangs, en attendant que de nouveaux services viennent combler les vides, laissés par ces déserteurs du devoir et de la reconnaissance.

.˙.

Mais tous les hommes que nous avons obligés se ligueraient-ils contre nous pour nous perdre, qu'il n'est pas en leur pouvoir de nous ôter une parcelle du plaisir personnel que nous avons eu à nous dévouer pour eux.

.˙.

Et puis avec quelle sereine grandeur, quelle satisfaction incomparable, du haut du piédestal où l'ont élevé ses vertus, le juste considère rampant à ses pieds la tourbe des méchants et des ingrats !

CHAPITRE IV

L'INTÉRÊT ET LE DEVOIR. — DU DÉVOUEMENT

Notre plaisir, (1) seul motif de nos actions.

I

Une saine morale est l'hygiène de l'âme comme sont l'hygiène du corps les exercices modérés. Mais si l'esprit est tel qu'il ne la puisse assimiler, elle est vaine, comme les exercices dans un air empesté.

.·.

C'est ainsi que l'homme étant bon, non point en raison du mérite qu'il y a à l'être, mais des avantages matériels ou moraux que le bien lui procure, — la morale la plus efficace, et partant la meilleure, sera celle qui, en lui enseignant le mieux ses devoirs, l'intéressera le plus à les remplir.

.·.

On ne saurait nier que dans les actes ordinaires de la vie, chacun se laisse guider par son propre intérêt. Cela est dans la nature actuelle de l'homme ; en attendre davantage, c'est lui demander plus qu'habituellement il ne

(1) Le mot plaisir est ici pris dans son sens purement étymologique. Dans l'ancienne langue, le verbe « plaisir » était l'équivalent du verbe « plaire ». Par conséquent en disant « notre plaisir », nous entendons seulement : « Ce qui nous plaît ».

peut donner. Certes par orgueil, vanité ou ostentation, dans certains actes tout faits de spontanéité, quelquefois par pure noblesse ou grandeur d'âme, l'homme est capable de faire le sacrifice de son intérêt ; mais s'il suffit d'un moment d'ardeur, d'enthousiasme, d'irréflexion même pour le faire sortir de sa voie ordinaire, revenu à lui-même il ne tarde pas d'y rentrer. Ce n'est donc pas sur sa nature fictive, mais sur sa nature réelle, que pour être féconde doit spéculer la morale.

**

Nous sentons si bien tous cette force de l'intérêt, que le plus honnête homme ne nous a qu'à moitié convaincus, quand il nous dit : « Je le ferai parce que c'est mon devoir, » tandis que nous n'avons plus aucun doute, dès qu'il nous a persuadés qu'il y va de son intérêt.

**

C'était pendant les vacances parlementaires, et nos braves soldats se battaient au Tonkin. Dans la presse des voix nombreuses demandaient la convocation des Chambres. « Il n'y a pas urgence, écrivait un journal ministériel ; mais s'il se présente des complications, le ministère ne manquera pas de réunir le Parlement, parce que c'est plus que son devoir, c'est son intérêt. » Un journal radical releva la phrase et parut s'indigner de cette préférence accordée à l'intérêt sur le devoir.

**

L'auteur de l'article n'avait sans doute voulu qu'exprimer cette idée, afin de bien convaincre ses lecteurs, que si le devoir seul est souvent sacrifié, on n'y manque jamais volontairement si l'intérêt s'y joint.

**

C'est donc à concilier ces deux choses, *l'Intérêt et le*

Devoir, que doivent tendre de concert la morale et les faits.

* * *

A force de répéter aux hommes qu'ils doivent préférer leur devoir à leur intérêt, sans trop leur dire pourquoi, ne leur donnez-vous pas clairement à entendre que ces deux motifs de nos actions sont opposés le plus souvent ? — Tandis que si vous leur enseignez, ce qui est vrai, que notre devoir est toujours ce qui convient le mieux à notre intérêt bien entendu, dans la mesure de leur intelligence et de leur liberté, ils s'empresseront d'accomplir l'un pour servir l'autre (1).

(1) Ici nous croyons devoir répondre à une objection que bien des lecteurs seront tentés de nous faire, c'est qu'à chaque instant dans la vie nous voyons nos devoirs en contradiction avec nos nos intérêts. — Il est malheureusement vrai que, dans nos sociétés basées sur la concurrence et l'individualisme, nos devoirs ne sont que trop souvent en opposition avec nos intérêts, nos intérêts matériels, nos intérêts immédiats. Aussi nous empressons-nous d'établir une distinction entre ces deux termes : « nos intérêts » et « notre intérêt bien entendu ». Nos intérêts, c'est ce qui donne satisfaction à ce désir légitime en somme d'accroître notre fortune, notre bien-être. Et si notre nature était ainsi faite que nous n'eussions que des appétits à satisfaire, ils seraient dans le vrai ceux qui feraient fi du devoir dans toutes les circonstances où leurs intérêts seraient en jeu. Mais notre être moral lui aussi réclame des satisfactions. Nous avons soif de respect, d'estime, de considération, de sympathie, non point seulement de ces marques tout extérieures que les faméliques prodiguent à la richesse et au pouvoir, quelle qu'en soit l'origine, mais de ces témoignages vrais, sincères qui s'adressent à notre personne et que nous sentons nous être bien dûs. Or ceux-là ne vont qu'à ceux qui les méritent par l'honnêteté de leur conduite, la dignité de leur vie, les services rendus. C'est dans ce sens qu'en disant que notre devoir est ce qui convient le mieux à notre intérêt bien entendu, nous pensons non point émettre un paradoxe, mais une vérité. — Quant à ces êtres dégradés, qui affectent de faire fi de la bonne ou de la mauvaise opinion qu'on a d'eux, ne les croyez pas : ils mentent à eux-mêmes et aux autres. Le juste seul en toute sincérité peut jeter un défi à l'opinion.

* *

Un but vous paraît-il désirable ! Vous ne devez point viser à l'élever pour en rendre l'accès plus méritoire, mais au contraire chercher à en aplanir la route, pour le mettre à la portée de tous.

* *

Et s'il nous faut en quelques mots montrer ici les liens étroits qui unissent l'intérêt au devoir : de nos devoirs envers nous-mêmes dépendent notre santé et notre dignité morale ; à nos devoirs de famille sont attachés la tranquillité du foyer domestique, notre considération dans le monde. Nos devoirs envers nos semblables ! Mais n'avons-nous pas tous besoin les uns des autres, et si nous manquons habituellement à ces devoirs, dans la nécessité qui nous aidera ? Quant à nos devoirs envers la patrie, ne sommes-nous pas tous intéressés à sa grandeur, à sa prospérité ? Mais si parmi ces devoirs, il en est auxquels nous soyons disposés à nous soustraire, l'opinion publique et la sanctions des lois ne sont-elles point encore là pour nous intéresser à les remplir ? *Dans une société bien organisée, le devoir et l'intérêt sont si intimement liés qu'il est impossible de faillir à l'un sans manquer à l'autre.*

* *

Mais, me dira-t-on, si la société est mal organisée ? — Dans ce cas, et c'est le nôtre, nous avons le devoir de faire effort pour l'améliorer, la perfectionner, parce que notre tranquillité, notre sécurité, notre bonheur, celui de nos proches, de nos enfants, de notre postérité y sont intéressés. Or qu'est-ce que travailler à l'amélioration de la société, à son perfectionnement, sinon la mise en pratique la plus haute, la plus vaste, la plus étendue de tout ce qu'on est convenu d'entendre par ces mots : les devoirs sociaux ?

Cessez donc de placer le devoir à ces hauteurs sereines où l'élite seule peut le voir et l'atteindre. Inspirez-vous de la nature de l'homme, de son intelligence, de ses besoins ; faites-lui une morale à sa portée, et quand vous lui parlez d'un devoir, qu'il se recommande d'un intérêt ! Cet intérêt existe : il le faut mettre en lumière. Que la société vienne à être organisée selon la morale et non contre elle, il apparaîtra à tout le monde.

L'homme, dans une large mesure, est susceptible de s'améliorer lui-même (1), et il le fera d'autant plus qu'il

(1) On m'objectera peut-être que si l'homme peut s'améliorer lui-même, tout en lui n'est pas impersonnalité. — D'abord j'ai dit qu'il est susceptible, mais non point libre de le faire. Puis pour que cette amélioration se produise, il faut qu'il y trouve ou espère y trouver un plaisir ou un bien. Or quelle que soit la nature des plaisirs par lesquels nous sommes affectés, — plaisirs physiques, intellectuels ou moraux, — le rôle de l'homme est celui d'un agent essentiellement passif. Et dans le fait de se corriger d'un vice ou de développer les germes d'une vertu, nécessairement avec la pensée d'y trouver un plus grand bien, il n'y a rien de proprement personnel à l'individu. Le phénomène est dû tout entier à deux causes : 1° notre raison, éclairée par nos connaissances, qui nous a révélé les dangers de tel vice ou les avantages de telle vertu ; or l'homme n'est pour rien ni dans sa raison ni dans ses connaissances ; 2° notre nature, qui s'est trouvée assez malléable pour se prêter à cette modification de notre être, modification qui ne se fût jamais produite, si la prédominance du vice eût été telle en nous qu'elle nous eût faits sensibles aux seuls jouissances du mal. — Mais combien ne peuvent s'imaginer que ce qu'ils font naturellement et sans effort, un autre homme puisse être empêché de le faire par une force invincible ! Cette tendance à tout rapporter à soi, à tout comparer à son propre organisme, est tellement générale que vous avez tous dit ou entendu dire : « Je ne comprends pas qu'on fasse ceci, » ou « qu'on ne puisse pas faire cela ». Et ce disant, on ne songe pas qu'il y a toujours quelque chose qu'on fait soi-même naturellement et presque nécessairement, que d'autres ne comprennent pas

s'y sentira plus intéressé. Mais encore faut-il qu'il voie cet
intérêt !

* *

C'est donc à l'éducation, en éclairant et en élevant notre
égoïsme, à purifier et ennoblir la source de nos plaisirs.

* *

On ne sacrifie le plaisir, l'intérêt au devoir qu'autant
qu'on croit que le dernier peut mieux que les autres
répondre à l'unique fin qu'on se propose : le bonheur.
C'est à convaincre tout le monde de cette vérité que
doivent tendre en même temps et l'éducation et la morale.

* *

L'égoïsme fait le fond de la nature humaine. Pour
rendre les hommes meilleurs, intéressons-les d'abord à
faire le bien par les avantages certains qui s'y rapportent,
ensuite à éviter le mal par les conséquences toujours
funestes qu'il entraîne avec lui ; et si cela ne suffit pas, par
la crainte du châtiment.

* *

La seule chose capable de nous faire remonter le courant de nos mauvais penchants, c'est le souci de notre
bonheur.

* *

*Le sentiment du devoir basé sur l'intérêt bien entendu,
tel doit être en somme le fondement de l'éducation.*

Observons en passant que la morale officielle forme un

qu'on fasse, — ou des choses que l'on ne saurait faire, que certains font sans comprendre que tout le monde ne les puisse faire
comme eux.

tel contraste avec les exigences actuelles de la lutte pour la vie, qu'elle n'est guère qu'à la portée des gens riches, qui s'en moquent. Quant au pauvre hère qui s'en inspire, exploité, roulé, berné, il en est bien peu qui persévèrent. Et s'il est vrai que l'on ne trouva jamais dans les livres tant de belles règles de morale, la plupart des hommes n'ont de règle que le code et les gendarmes; et encore combien s'en affranchissent !

Il est clair qu'il ne faut pas mettre la bonne volonté humaine à une trop rude épreuve. Et quoique proclamant en tout et pour tout la supériorité du bien sur le mal pour le bonheur de l'homme, nous ne saurions nous étonner qu'un petit nombre seul en ait la vision souvent lointaine, et que tant de gens, peut-être nés pour le bien, s'en détournent au spectacle de l'iniquité triomphante.

Les conditions de la vie sociale font en grande partie les hommes ce qu'ils sont; et l'homme constamment absorbé par les soucis de la vie matérielle, — et sans compter les déséquilibrés, les misérables, — ne peut, à la réserve de très rares exceptions, s'élever à une moralité bien haute. Tandis qu'à mesure que par une organisation sociale mieux comprise et plus équitable, les difficultés de vivre iront s'aplanissant, la nature humaine, moins accessible à la tentation, s'élèvera et se purifiera; et l'on verra surgir de plus en plus de nobles intelligences et de grands cœurs, allant droit au *Devoir* sans passer par l'*intérêt*.

Mais ce qui fera éternellement la force de la morale égoïste, sous quelque aspect qu'on la présente aux différents âges de l'humanité, — et si l'on va au fond des choses, il n'y eut jamais qu'elle, — ce qui la rendra donc impérissable comme la nature humaine dont elle émane, c'est qu'elle ne laisse personne en dehors de son action, puisque l'égoïsme s'étend à tous les êtres. A l'homme aux instincts cruels ou pervers, elle inspire la crainte du châtiment. Au vulgaire, elle parle le seul langage qu'il sache bien comprendre : à ses yeux elle fait miroiter l'intérêt. A l'homme supérieur, elle révèle un idéal à poursuivre. Elle le convie au sacrifice, à l'abnégation, au dévouement, à tout ce qui fait la grandeur morale de l'être. Mais aussi, comme elle ne demande rien pour rien, en compensation de cet oubli volontaire de soi-même, elle lui enseigne que le plus sûr moyen d'atteindre le bonheur est encore de ne point s'attarder à le chercher.

*
* *

Il est en effet certain que l'homme constamment absorbé par le souci de son bonheur ne peut pas être heureux. C'est ainsi que nous voyons déjà les natures d'élite oublier le but, réservant toute leur activité pour le moyen suprême : *le Devoir*. Un jour peut donc venir, — et pour nous il viendra, il est venu pour quelques-uns, — où l'*Impératif catégorique de Kant* sera la règle de toutes les actions humaines, — quand les hommes auront atteint un très haut degré de moralité, et que leur raison ou leur cœur leur aura montré *le bonheur même dans le devoir désintéressé*.

*
* *

Et ainsi l'humanité se rapprochera de cette *Loi morale*, que les philosophes spiritualistes ont imaginée un don de Dieu fait à tous, tandis qu'il ne peut être que le fruit d'une lente conquête de l'homme sur sa nature primitive.

*
* *

La Loi morale ! elle n'est donc point à la base, mais au

sommet de la morale. Et les philosophes qui bâtissent sur elle, s'ils l'ont trouvée en eux, cela ne prouve pas que la Nature l'ait mise en l'homme, mais établit sûrement que l'homme par l'esprit peut l'atteindre.

II

Il n'est aucun de nos actes, si désintéressé soit-il, qui ne trouve dans les satisfactions du *moi* sa raison ou sa cause.

*
* *

On secourt les malheureux, parce qu'on préfère à l'argent qu'on leur donne, la satisfaction d'un bien accompli, ou parce que la vue de leur misère affecte péniblement, ou parce qu'on tient à se faire une réputation d'homme généreux, ou encore, — ceux qui ont la foi religieuse, — pour mériter les récompenses célestes.

*
* *

On se dévoue à ses amis en raison de la place qu'ils tiennent dans notre propre existence.

*
* *

On se dévoue à sauver un indifférent, parce qu'on espère se sauver soi-même, et qu'on tient à l'honneur ou la satisfaction que donne un bel acte de courage, — ou par devoir professionnel, — ou par pur sentiment d'humanité chez les natures chevaleresques, — ou encore par un mouvement purement impulsif qu'on est incapable d'analyser ni avant ni après, — ou simplement enfin parce qu'on a des raisons de ne pas tenir à la vie.

*
* *

Tel qu'on a connu brave dans des temps de misère, de-

vient lâche tout à coup, dès que le bonheur l'attache à
l'existence.

*
* *

On ne se dévoue complétement et longuement que pour
les personnes sans qui la vie serait à charge. Une mère
se dévoue toute à son enfant, parce que son enfant lui est
plus précieux que sa propre existence, — peut-être aussi
instinctivement, par la seule force de l'amour maternel
que la nature a mis au cœur de la femme. Et qu'il est
admirable cet instinct de la mère, qui dans le fils coupable ne lui fait voir qu'un innocent !

*
* *

On se dévoue à sa patrie pour la gloire, ou par honte de
vivre sans honneur, ou simplement parce qu'on l'aime, ou
même quelquefois pour rien du tout. — Observons que
tel qui accomplira un acte d'héroïsme devant une foule
qui l'admire, saura fort bien s'abstenir si son action doit
rester ignorée.

*
* *

Il en est aussi qui se dévouent obscurément et sans
gloire, et qui en cela ne font qu'obéir à leur nature ardente ou généreuse. — Une haute conception du devoir
engendre les dévouements les plus sublimes.

*
* *

On se dévoue, on se sacrifie pour une idée, lorsqu'on
sent dans ce sacrifice une élévation de son être, et qu'y
renoncer serait s'amoindrir à ses propres yeux, et se causer
à soi-même un mal plus grand que ne le peuvent faire la
persécution et le martyre.

*
* *

Mais au fond ceux-là seuls se dévouent qui trouvent du
plaisir à se dévouer.

*
* *

Il en est même qui éprouvent le besoin irrésistible de
se dévouer.

*
* *

C'est une erreur de croire que la religion soit pour
quelque chose dans la manifestation du dévouement sous
toutes ses formes. La noblesse naturelle de l'âme suffit
pour faire les Fénelon et les Vincent-de-Paul; et notre
Louise Michel, poursuivant sans relâche son œuvre de mi-
séricorde et de fraternité, laisse bien loin derrière elle
tous les dévouements antiques et modernes.

*
* *

Le dévouement! on le porte en soi, comme le génie ou
l'esprit d'aventures ; et l'on marche au sacrifice comme à
la gloire par un attrait invincible. Ou tant qu'on lui résiste, on est malheureux.

III

Quand je sacrifie le plaisir au devoir, je ne fais que
suivre mon plaisir.

*
* *

Quand je sacrifie le plaisir à la douleur, c'est encore
mon plaisir que je poursuis.

*
* *

La mère, l'amant que la mort d'un fils adoré, d'une
maîtresse follement aimée, conduisent au tombeau, ne
font pas plus le sacrifice de leur plaisir que le chien qui
vient mourir sur la tombe de son maître.

*
* *

On ne sacrifie jamais volontairement qu'une chose qu'on

aime moins à une chose qu'on aime plus ; en un mot on ne fait jamais le sacrifice de son plus grand plaisir.

*
* *

Vous pouvez hésiter plus ou moins longtemps entre deux actions, mais finalement c'est toujours ce qui est ou vous paraît votre plus grand plaisir qui l'emporte, ou votre moindre mal (1).

.˙.

Il n'y a en réalité qu'un seul motif à toutes les actions

(1) Ce chapitre était écrit depuis longtemps déjà, lorsqu'on nous a mis sous les yeux « Les Maladies de la Volonté » de M. Th. Ribot ; et voici ce que nous y relevons en note à l'Introduction :

« Nous venons d'exprimer sous une autre forme ce fait évident
« que le choix va toujours dans le sens du plus grand plaisir.
« Tout animal, dénué ou doué de raison, sain ou malade, ne peut
« vouloir que ce qui lui paraît, au moment actuel, son plus grand
« bien ou son moindre mal. L'homme même qui préfère la mort
« au déshonneur ou à l'apostasie, choisit le parti le moins désa-
« gréable. Le caractère individuel et le développement de la raison
« font que le choix tantôt monte très haut, tantôt tombe très bas,
« mais toujours il tend vers ce qui agrée le plus. Le contraire est
« impossible. C'est une vérité psychologique si claire que les an-
« ciens l'avaient déjà posée en axiome, et il a fallu des volumes de
« métaphysique pour l'obscurcir. »

Bien que la publication de ces lignes enlève à cette partie de notre œuvre, tout le caractère d'originalité que nous avions pu lui supposer, nous nous félicitons hautement de ce que la réflexion et l'observation seules nous aient conduit à nous rencontrer sur un point de doctrine aussi important, avec les anciens d'une part, et de l'autre avec l'éminent directeur de la *Revue philosophique*. Du reste, nous nous préoccupons bien moins d'être original que d'être clair et vrai. Et depuis tantôt vingt ans que cet ouvrage est sur le chantier, toujours puisant en nous-même et rien dans les livres, nous n'avons pas de joie plus grande que de trouver nos propres idées corroborées par la plume d'écrivains en renom. Cela nous est un gage que la voie que nous suivons est bonne, et un espoir que notre œuvre sera féconde. — Tout homme du reste qui, de parti pris, s'obstinerait à n'écrire que des choses inédites, s'il en reste, et quel que fût d'ailleurs son génie, aurait bien des chances de ne faire qu'une œuvre de fou. Et puis nous ne serons jamais trop pour crier la vérité, et sous toutes les formes.

des hommes, c'est non point toujours le plaisir, mais toujours *notre plaisir*, — avec cette différence que si notre action est instinctive et spontanée, nous obéissons à un sentiment de plaisir irréfléchi, et que si elle est volontaire et libre, c'est un sentiment de plaisir réfléchi qui nous fait agir. Mais si, même après réflexion, c'est le seul caprice ou la seule passion qui nous entraîne, l'objet de notre action est encore notre plaisir du moment, avec ou sans le souci des maux qui en peuvent résulter.

***

L'homme ne fait jamais le sacrifice d'un plaisir immédiat qu'en vue d'un plus grand bien, et en cela encore c'est son plaisir qu'il cherche. Si même nous faisons le sacrifice d'un plaisir sans autre idée que de remplir un devoir, nous n'échappons pas davantage à cette foi fatale de notre plaisir exclusivement poursuivi. C'est que nous trouvons dans le sacrifice du plaisir lui-même un plaisir supérieur : celui que procure la vertu chez les êtres bien doués.

***

Et quand vous faites sans contrainte une chose qui vous répugne, c'est : ou par faiblesse de caractère, et c'est à la lâcheté de votre égoïsme que vous donnez satisfaction ; — ou par devoir, et c'est que vous trouvez dans l'accomplissement de ce devoir un plaisir qui domine la répugnance ; — ou c'est par intérêt, et alors inutile d'insister.

***

Le seul amour du bien nous force souvent à agir contre nos intérêts ; mais ceux-là seuls font spontanément leur devoir qui y trouvent leur plaisir. Il faut que tous y voient leur intérêt.

***

L'homme ne fait pas un geste, un pas, un mouvement,

n'a pas une pensée, un sentiment, ne prononce pas une parole, il n'est pas jusqu'à son immobilité et son silence, qui ne soient le résultat de son organisation ou physique ou intellectuelle ou morale, et qui n'aient pour objet la satisfaction de son égoïsme.

∴

L'égoïsme est en nous ; il nous englobe, il nous enserre, il nous tient. Que par un effort suprême vous pensiez l'avoir arraché de votre cœur, regardez-y : il y est encore. Ceux-là seuls peuvent le nier qui ne se sont pas donné la peine d'analyser leurs sentiments, non plus que la nature des mobiles qui les font agir.

∴

Quelque acte que nous accomplissions, nous recherchons toujours notre satisfaction personnelle. La noblesse ou la bassesse de notre égoïsme est la seule chose qui nous élève ou nous abaisse.

L'homme est naturellement porté à se faire un mérite des moindres choses ; et c'est ordinairement sans s'en rendre compte qu'il se voile à lui-même le côté intéressé de ses actes, comme c'est inconsciemment que faisant le bien, il s'imagine qu'il pourrait faire le mal.

∴

On altère aussi sciemment la vérité pour relever le mérite de sa conduite ; et si d'aventure on est sincère contre soi-même, on ne manque pas de se faire un mérite de sa sincérité.

∴

J'ose dire qu'il faut un singulier amour de la vérité pour s'ôter soi-même le mérite de ses actes ou de ses œuvres,

quand tout le monde serait disposé à vous le reconnaître.
Et pour être sincère jusqu'au bout, ce mérite, en le niant,
on ne laisse pas de s'en donner un autre tout aussi imaginaire : celui de le nier.

Enfin, pour être encore plus vrai, si vous vous êtes
convaincu vous-même du néant de ce mérite, votre amour-
propre se satisfait encore en l'affirmant.

Je pourrais dire que je suis un de ces hommes qui ont
tout sacrifié au culte de la vérité. Mais en réalité ce sacrifice n'est qu'apparent, et mon culte n'a rien de méritoire,
n'y ayant apporté qu'une volonté soumise, et toutes mes
facultés s'étant trouvées absorbées en lui.

*L'homme, ainsi que la morale est un cercle vicieux, au
centre duquel se tient l'égoïsme, d'où tout rayonne et vers
lequel tout converge, — comme la vie par le sang part du
cœur et sans cesse y revient.*

Il s'opère dans les faits d'ordre moral un travail analogue à celui de la circulation du sang. De même que le
sang, pour parcourir tout le corps, s'échappe incessamment du cœur qui en est pourtant toujours rempli, — sur
quelque objet que se porte mon attention, mon désir, dans
la joie comme dans la souffrance, mon égoïsme s'étend à
tout mon être : il est toujours au complet. Je n'en sors
que pour y rentrer.

En m'observant, en analysant mes goûts, mes sentiments, j'assiste à un retour incessant sur moi-même. Tout

part de mon désir d'être heureux, donc de l'égoïsme, et tout tend à la satisfaction de ce désir, soit à l'égoïsme. Si cercle vicieux il y a dans les faits psycologiques, la morale, qui n'en est que la représentation, pour être vraie, doit être conforme aux faits, et présenter elle-même tous les caractères d'un cercle vicieux, mais d'un cercle qui soit tout le contraire d'un sophisme, — l'effet se justifiant par la cause et la cause par l'effet.

.'.

En m'examinant au point de vue purement intellectuel, mon cerveau ne forge guère que des paradoxes, et presque toujours ma raison les confirme. C'est un fait auquel je ne puis rien, et mon irresponsabilité est entière. En sorte qu'eussé je tort sur tous les autres points, il en est au moins un sur lequel on ne peut pas ne pas m'accorder raison : c'est l'impersonnalité de la pensée. Mais si ma pensée est impersonnelle, ma pensée qui pèse tout, conduit tout, règle tout, nécessairement ma personnalité m'échappe. Et si j'ai raison sur le fait de l'impersonnalité, je ne puis avoir tort sur les autres, car tout s'enchaîne, *et la morale est fondée...* — Sur un cercle vicieux? direz-vous. — Oui, mais un cercle d'où, quand on y est entré, on ne peut plus sortir.

.'.

Sans personnalité, je ne suis plus qu'une machine sentante, pensante, agissante, qui, ôtez l'égoïsme, serait sans mobile et sans but.

Que si, par impossible, ma pensée n'était pas impersonnelle, si j'en avais tout le mérite et toute la responsabilité, si j'avais pu sciemment accumuler erreurs sur erreurs, mensonges sur mensonges, de manière à donner pourtant

à des esprits sérieux l'illusion de la vérité, avouez que
j'aurais accompli un tour de force peu ordinaire, et franche-
ment en dépit de moi-même vous me donneriez quelque
orgueil. Mais cet orgueil, je le répudie, en homme qui
a la certitude de son impersonnalité, en homme qui a dit
la vérité telle qu'elle lui est apparue, et qui ne pouvait pas
ne pas la dire.

∴

D'ailleurs à quoi sert de se vanter? S'il est vrai que j'ai
trouvé, formulé, combiné, je n'ait rien inventé; et j'ai
comme la certitude qu'il n'est pas une seule de mes idées
qui ne trouvera maints esprits pour se dire : « Moi aussi
je l'avais ainsi pensé ». Je ne suis qu'un écho, un écho des
consciences individuelles.

∴

Je me doute bien que beaucoup, parmi les plus grands,
ne se laisseront pas déposséder sans combat de cette personnalité dont ils se font gloire. — Et combien, même
des plus petits, marchant à leur remorque, me japperont
aux chausses ! — Mais pour la leur ôter, encore faudrait-
il qu'ils l'eussent : or ils ne l'ont pas. Ce n'est qu'une
illusion qu'il s'agit de leur arracher. — Illusion, soit,
diront les plus traitables. Mais cette illusion nous est chère.
Laissez-la-nous, qu'elle nous console au moins des réali-
tés cruelles. — Et d'abord qui d'entre eux ne s'est fait
plus ou moins destructeur d'illusions? Se peut-il imaginer
un progrès dans le domaine de l'Idée, qui ne marque la fin
d'une illusion? Est-ce donc à dire qu'en fait d'illusions les
nôtres seules soient respectables? A laisser aux hommes
toutes les illusions qui leur sont chères, nul progrès n'est
possible. Et c'est au contraire de ces illusions soi-disant
douces que s'entretient le mal universel. La vérité seule

est saine et féconde, et pour que la réalité soit belle, il faut commencer par tuer les rêves décevants. — Je m'imagine que ce qui fera l'étonnement de la postérité, c'est que la vérité étant si simple, il ait fallu 4000 ans pour la mettre en lumière.

TROISIÈME PARTIE

La loi de la Solidarité et la loi du Progrès sûrs garants du bonheur universel.

CHAPITRE PREMIER

LA SOLIDARITÉ HUMAINE ET LE PROGRÈS SOCIAL

A la charité (1) parmi les hommes, substituez dans l'éducation le sentiment de la *solidarité*. La charité en effet ne
peut qu'entretenir la misère. Seule la solidarité est capable
de faire disparaître cette plaie hideuse de toutes nos sociétés.

*
* *

Développer le sentiment de la solidarité, c'est d'ailleurs
répondre à un besoin de la nature humaine, qui est affamée
du bonheur, et qui ne peut le trouver que dans une parfaite harmonie entre tous les membres de la société.

(1) Il est bien entendu que nous n'envisageons ici la charité que
dans son acception la moins noble : la charité se traduisant par
l'aumône. Quant à la charité dans son sens le plus relevé : l'amour
de l'être humain pour son semblable, nous la revendiquons hautement, car elle signifie à la fois : abnégation, dévouement, pitié,
tolérance, et la solidarité ne nous apparaît plus que comme son
couronnement désirable et nécessaire. Ajoutons que bien des gens
ne voient dans la solidarité qu'un devoir, et c'est ce qui explique
qu'elle soit si souvent violée, au lieu qu'elle est un fait.

10

.*.

En effet que nous le voulions ou non, la solidarité existe entre tous les humains, et nul ne peut absolument s'y soustraire. Elle règne entre tous les membres d'une même famille : chacun se sent plus ou moins atteint du mal qui frappe les autres. Elle règne aussi entre les citoyens d'une même nation : tous leurs intérêts ne sont-ils point liés les uns aux autres, — au moins leurs intérêts généraux, — et la misère des uns n'est-elle point une cause permanente d'inquiétudes pour ceux qui possèdent ?

.*.

Or, c'est pour vouloir échapper à cette loi de la solidarité dans les intérêts particuliers, que nos sociétés modernes sont tourmentées, agitées, qu'éclatent ici les grèves, là les séditions qui nuisent aux intérêts de tous. C'est à identifier de plus en plus ces intérêts que doivent tendre les efforts des dirigeants, car la société ne sera parfaitement tranquille, que le jour où cette identité sera parfaitement établie.

.*.

Elle existe entre toutes les nations : chacune d'elles ne peut vivre dans une paix féconde qu'à la condition de n'avoir plus rien à redouter des autres. Aussi n'est-ce pas seulement l'union des citoyens d'une même nation qu'il faut poursuivre, mais l'union, la fusion de tous les peuples, afin que dans tous les pays du monde chaque individu puisse jouir pleinement des biens que la nature a dispersés, ou que l'industrie partout aura créés. Avec les progrès des sciences, les chemins de fer, la navigation, ce qui pouvait n'être que du domaine de la chimère, il y a seulement un siècle, nous apparaît aujourd'hui fort réalisable. Quand il n'est pas matériellement impossible qu'on puisse se parler de Paris à Pékin, en attendant peut-être que l'on puisse se voir, on n'est pas étrangers les uns aux autres.

.*.

Mais ce n'est pas seulement dans les phénomènes sociaux, que la loi de la solidarité exerce ses effets. Elle étend aussi son action jusque dans le domaine moral. Quel est en effet celui qui n'a point à souffrir chaque jour, et parfois bien cruellement, des défauts, des imperfections, des vices d'une femme, d'un père, d'un fils, d'un frère, d'un serviteur, d'un ami, d'un voisin, à chaque pas même d'un inconnu ?

.*.

Et s'il faut remonter plus haut, ne suffit-il point, comme cela s'est vu tant de fois dans l'histoire de tous les peuples, que la naissance, le crime ou le hasard élève au trône un ambitieux ou un fou pour allumer dans le monde des guerres inextinguibles ?

.*.

En sorte que nous ne sommes pas seulement intéressés à travailler à notre propre perfectionnement, mais encore au perfectionnement de nos semblables, — et qu'il ne suffit pas au bonheur et à la prospérité d'un Etat de jouir d'une bonne administration, tant que la division règne parmi les peuples voisins.

.*.

La solidarité humaine est donc un fait universel, et c'est à l'éducation à lui faire porter tous ses fruits, en la dirigeant vers son véritable but : la Fraternité humaine (1).

(1) « L'homme, dit l'abbé Raynal, doit tendre au bien général, « parce que c'est de cette prospérité que dépend la sienne. » — « Au- « cun membre de la société, dit-il encore, ne saurait souffrir sans « quelque dommage pour le corps entier. »

Ecoutez Bernardin de Saint-Pierre :

« Le parfait bonheur de la nation consisterait dans une parfaite

.·.

Nous voudrions bien nous désintéresser des misères et des vices de nos semblables, pour qu'ils en portent seuls la peine, mais nous ne le pouvons pas. Un malfaiteur, un imbécile sont aussi dangereux aux autres qu'à eux-mêmes. Ainsi pour ne citer que ces deux faits : Quel lien de solidarité, avant le monstrueux attentat, semblait devoir exister entre un Casério et l'infortuné président Carnot? Quel lien entre deux écervelés, faisant manœuvrer un cinématographe, et le noble faubourg Saint-Germain ?

.·.

A l'égard de ce dernier fait, il est pourtant bien certain que s'il n'y avait pas eu de misères à soulager, point de bazar de charité et partant pas de victimes. Et pour ceux qui veulent, comme en toutes choses, voir absolument dans ce sinistre épouvantable la main de la Providence, il nous semble que la seule leçon à en tirer serait que cette façon de mêler le flirt à la charité n'est pas du goût de la Providence, et qu'en jetant la mort et le deuil parmi tant de familles qui croient en elle, elle ait voulu condamner à la fois et l'extrême opulence et l'extrême misère.

« harmonie entre tous ses membres... Il ne peut arriver le plus
« petit mal à un simple particulier, que tout le corps politique ne
« s'en ressente. »
Et ailleurs :
« Nos riches ne doutent pas que le bien des petits ne parvienne
« à eux, puisqu'ils jouissent des productions de leur art; mais
« ils participent également à leurs maux, malgré qu'ils en aient.
« Non seulement ils sont les victimes de leurs maladies épidé-
« miques et de leurs brigandages, mais de leurs opinions mo-
« rales qui se dépravent dans le sein des malheureux. Elles
« s'élèvent comme les maux qui sortirent de la boîte de Pandore,
« et traversant, malgré les grandes armées, les forteresses et les
« châteaux, elles viennent se loger dans le cœur des tyrans.
« Quelques précautions qu'ils prennent pour s'en garantir, elles
« gagnent leurs voisins, leurs serviteurs, leurs épouses et les
« forcent de s'abstenir de tout au milieu de leurs jouissances. »

Mais hasard ou Providence, aveugle qui n'y voit point un effet entre mille autres, de la loi mystérieuse et inéluctable de la solidarité, — loi au mépris de laquelle vous devez tous les désordres dont vous vous plaignez, et qui frappe à l'aveugle innocents et coupables. C'est elle, entendez-le bien, qui arme le bras de l'assassin, met la dynamite aux mains de l'anarchiste ; — c'est par elle que les méchants et les braves, qui vous menacent dans votre vie ou dans vos intérêts, vengent les bons et les lâches que sans eux vous opprimeriez impunément.

Ce qui retient la charité de bien des gens, c'est de voir que trop peu de personnes la font, et ce qui la rend pour ainsi dire vaine, c'est le trop grand nombre des malheureux à secourir.

D'ailleurs la charité sent l'humiliation et la misère, qui engendrent le mépris chez le riche et la haine chez le pauvre. La charité est donc impuissante à établir l'amour parmi les hommes. Mais la solidarité élève tout le monde sans abaisser personne ; elle intéresse chacun au bien de tous ; par elle toutes les améliorations rendues désirables deviendront facilement réalisables. La solidarité est intimement liée au progrès ; elle en est l'essence, elle en est l'âme ; en dehors d'elle les sociétés ne peuvent que végéter dans un *statu quo* énervant. Mais qu'elle se manifeste un jour dans toute sa puissance et dans tous ses effets, et le progrès social est bien près d'avoir dit son dernier mot !

Pour l'instant il me semble qu'un impôt somptuaire, établi dans chaque localité, uniquement au profit des nécessiteux, et variant suivant le degré de fortune ou d'aisance des particuliers, serait bien accueilli de tous les gens de cœur.

.·.

Quant à la catégorie hélas ! trop nombreuse de ceux qui de cœur n'en ont point, si ce n'est pas leur faute, c'est le devoir de la société de les contraindre, quand son intérêt l'exige, à agir comme s'ils en avaient.

.·.

Le riche, à qui retourne la plus grosse part dans la prospérité d'une nation, a d'autant moins le droit de se désintéresser de la misère publique.

.·.

Quant à nous, nous estimons qu'un homme, dès qu'il manque du nécessaire, et quelles que soient les causes qui ont amené son dénûment, a toujours droit à l'assistance de ses semblables. — Mais il est au moins une catégorie de déshérités, à qui il me semble simplement monstrueux de marchander leurs droits à l'assistance publique : ce sont les vieillards, les infirmes, les enfants. A l'égard de ces derniers : d'une façon absolue la société leur doit, aussi souvent que leurs parents les leur refusent, ou ne sont pas en situation de les leur donner : 1° L'alimentation et l'habillement ; 2° une bonne éducation et une instruction satisfaisante ; 3° un état.

.·.

Tout individu à qui il a manqué une de ces trois choses, est pour ainsi dire en droit de révolte contre la société qui les lui a refusées. Et c'est pour lui enlever ce droit, comme pour remplir un devoir que son propre intérêt lui impose, que la société doit se montrer jalouse d'en doter tout le monde. Mais celui qui, enfant, n'a rien reçu de sa famille ni de sa patrie, homme, il ne leur doit rien.

**

Si l'argent que consacrent certains favorisés de la fortune à engraisser une armée de valets qui ne servent qu'à la vanité de leur maître, était employé à secourir les malheureux qui meurent de faim, la production y gagnerait, et la consommation n'y perdrait rien. La dignité humaine en serait relevée d'autant.

**

Et s'il faut un équilibre entre la production et la consommation, cet équilibre en subsisterait-il moins, si les déshérités consommaient en plus ce que les favorisés consomment en trop, et tout le monde n'en serait-il pas plus heureux ?

**

L'indigent, par le seul fait qu'il manque du nécessaire, a plus de titre au superflu d'autrui que le propriétaire lui-même de ce superflu. Le législateur a donc le droit et le devoir de lever une contribution régulière pour les besoins de l'indigence (1).

**

Eh quoi ! clameront certains enrichis, vous prétendriez nous obliger, nous qui avons sué, peiné, économisé toute notre vie pour amasser quelque fortune, à en disposer en faveur de misérables qui ont mangé leur bien ou qui n'ont jamais voulu travailler ! — Voudriez-vous donc par hasard avoir mangé le vôtre, ou n'avoir jamais travaillé ni sué et être à leur place ?

**

D'ailleurs tout homme qui augmente sa fortune ne peut

(1) Pensée tirée de Bentham.

le faire qu'au détriment d'un autre homme. S'il n'y avait point des imbéciles ou des débauchés pour se ruiner, nul ne pourrait s'enrichir. A qui profite la ruine des débauchés, des imbéciles ? — Aux détenteurs de la fortune publique. Prélever sur le superflu de ces derniers de quoi subvenir aux premiers besoins de ceux à qui directement ou indirectement ils ont tout ôté, je ne puis voir dans ce fait qu'un acte de réparation et de justice.

Quant à ceux qui n'ont jamais voulu travailler, s'il y en a, ce sont des créatures humaines. A ce titre nous leur devons le pain quotidien. Ce pain quotidien, on le donne bien dans les prisons aux voleurs, aux assassins. Je ne pense pas que la paresse soit un crime plus grand que le vol ou l'assassinat. — Elle y conduit souvent. — Elle y conduirait moins sans le besoin impérieux de se nourrir et de se vêtir. Or, ne vaut il pas mieux, je vous le demande, donner à manger à un fainéant que de s'exposer à être volé, assassiné par lui ?

Mais l'imbécillité, la débauche, la paresse ne sont pas les seules causes qui engendrent l'indigence. Combien y sont nés auxquels il n'a manqué, pour en sortir, qu'un peu de savoir-faire sans lequel nul ne réussit à rien. Combien y sont tombés par faiblesse de caractère, par bonté d'âme, par sotte générosité, par orgueil stupide ! Sont-ce là des crimes si grands qu'on vaille d'être abandonné par ses semblables jusqu'à en mourir de faim ? Et tous ceux qui y sont tombés sans avoir rien fait pour cela, après même une vie de privations et de labeur ? Les pauvres indignes ! (certes il y en a, et comment n'y en aurait-il point lorsque, indignes, tant de riches le sont ?) — c'est la monnaie dont se paient les cœurs endurcis pour se désintéresser de la misère publique. C'est à la société à intervenir.

.*.

A mon sens la collectivité doit à tous ses menbres les moyens de vivre. Mais tout homme qui, par son travail, contribue au bien-être général, a droit pour lui et pour les siens, non seulement à l'existence, mais encore *aux douceurs de l'existence*.

.*.

Et puisque la réforme de notre régime fiscal est à l'ordre du jour, — réforme sans laquelle on ne pourra rien faire pour les malheureux, — l'impôt sur la fortune acquise, — ne s'imposât-il pas pour d'autres motifs, — me semble absolument justifié au point de vue du droit par la constatation du simple fait suivant : Prenez deux hommes, fonctionnaires, industriels ou commerçants se faisant par exemple un revenu de 20000 fr. L'un les dépense intégralement ; l'autre économise, je suppose, 10000 fr. Dans le fait du premier, n'est-il pas manifeste qu'il a non seulement contribué au développement du commerce, de l'industrie et de l'agriculture, c'est-à-dire à la vie de ses semblables, mais encore qu'une bonne part de l'argent dépensé par lui est allée grossir les revenus du Trésor public sous la forme d'impôts indirects ? Il serait donc de toute équité de frapper les 10000 fr. économisés par le second, d'un droit correspondant à celui payé par le premier à l'Etat d'une façon indirecte. Et il nous apparaît qu'un système d'impôts se rapprocherait de la justice, autant qu'il est possible, dans lequel les ressources nécessaires au bon fonctionnement de l'Etat, seraient prélevées moitié sur la fortune acquise selon le mode progressif, et moitié sur les objets de consommation, frappés non plus seulement d'après la quantité, mais aussi et surtout d'après la qualité.

« La propriété est le fruit du travail. » Mais la réciproque est démentie par le fait de tant de gens qui ont travaillé, peiné toute leur vie, sans avoir même pu s'assurer un morceau de pain pour leur vieillesse.

***

Le travail en lui-même conduit si peu à la fortune, que nous voyons partout que les professions les plus utiles et les plus pénibles sont aussi les plus méprisées et les moins rémunérées. — Après ceux qui vivent bien sans rien faire, les plus considérés sont ceux qui gagnent le plus en travaillant le moins.

***

La fortune est le résultat de l'intelligence, du talent, de la ruse, de la fraude, de la fourberie, et aussi du travail, mais du travail des autres. Cela est sans exception. Il n'est pas en effet au pouvoir d'un homme de fournir par lui-même une assez grande quantité de travail, pour s'enrichir en dehors du travail d'autrui. C'est par l'exploitation de l'homme par l'homme que s'acquiert la richesse, toujours au profit du plus intelligent ou du moins scrupuleux.

***

Et cependant, quelle que soit l'origine de la fortune d'un homme, s'il l'a acquise par des moyens licites, il importe que son droit soit respecté. Car il ne servirait de rien de se dissimuler qu'en dehors de ceux qui ne doivent leur richesse qu'à l'intelligence, au talent, à quelque circonstance heureuse, il est bon, il est utile qu'il se rencontre des gens pour accomplir cette triste besogne : s'enrichir. Or il ne s'en trouverait pas, si les droits sur les bien acquis pouvaient être à chaque instant discutés. Qui voudrait en effet s'abaisser à ce triste rôle : ruser, frauder, s'humilier, se déshonorer, et cela pour rien ?

***

Plus une profession exige de bassesses et d'humiliations,

plus, si elle est utile, sont légitimes les avantages qui s'y rapportent. Or elle est momentanément utile, cette passion du gain, qui, en faisant le tourment des mortels qui en sont obsédés, contribue néanmoins à la prospérité d'une nation. — En vérité malheureux pays et bien vite destiné à disparaître, que celui qui ne produirait que des philosophes et des poètes, voire même, chose triste à dire, avec l'ordre social actuel, que des honnêtes gens.

.·.

En effet il n'est pas donné à un peuple de s'isoler assez des autres peuples pour se désintéresser de ce qui s'y passe. Et quand toutes les nations autour de nous ne cherchent qu'à augmenter leurs richesses par le commerce plus ou moins loyalement pratiqué, ce serait aller rapidement à notre ruine, que de nous tenir à l'écart du mouvement. Or pour donner aux commerçants, aux industriels cette activité puissante qui, sur le terrain des affaires, peut seule nous permettre de lutter avantageusement avec l'étranger, il faut assurer à la fortune acquise la tranquillité et la sécurité.

.·.

Est-ce bien après tout leur faute à nos industriels, nos commerçants, s'il règne actuellement dans le monde des affaires, une concurrence si effrénée, que pour sauver leur honneur commercial, il ne leur reste parfois d'autre ressource que de se déshonorer au jour le jour? Et encore est-ce souvent en pure perte.

.·.

Mais ce n'est point attenter à la fortune des particuliers, acquise en fait par le travail de tous, que d'en prélever la quantité jugée nécessaire pour assurer dans la mesure du possible la vie à tout le monde.

On ne saurait donc contester actuellement à personne
ses droits sur les biens qu'il a acquis ou qu'il tient de la
naissance (1). Mais *le Devoir prime le Droit;* et tant que
la société organisée n'exigera rien qui dépasse les devoirs
du citoyen, *elle ne sortira pas de son droit, elle ne sortira
pas de la Justice.* Or nous avons tous le *devoir* de contribuer, dans la mesure de nos forces et de nos moyens, au
plus grand bien de la société, parce que bon gré mal gré,
nous y sommes tous *intéressés.* Le paysan, l'ouvrier, le
penseur, le savant y contribuent par leur travail. Vous,
riches, contribuez-y par vos richesses.

Dans ces moments de crise et de misère publique, où le
froid et la faim crient au cœur du misérable, et qu'à la
quêteuse qui passe vous donnez vingt francs, ô millionnaires, qui semez l'or sur les tables de jeu, prodiguez
l'argent à vos maîtresses, et qui, pour la seule satisfaction de votre vanité, entretenez en vos palais une vale-
taille aussi vaine que votre cœur est vide, — avez-vous
donc pensé que vous dussiez vous regarder sans rougir?

O riches, quel est donc votre orgueil, de quelle pâte

(1) Ces droits sont sanctionnés par nos lois; mais ce qu'une
loi a fait, une autre loi peut le défaire. Or il est évident que si la
propriété individuelle considérée jusqu'ici par nos législateurs et
l'opinion publique comme le fondement de toute société, venait à
apparaître un jour à cette même opinion publique, non plus
comme une sauvegarde, mais comme un obstacle au bonheur de
l'individu, d'autres législateurs auraient le droit de défaire l'œuvre
de leurs devanciers. Et la loi qui ferait rentrer dans le domaine
public ce qui est consacré par la législation actuelle comme étant
du domaine privé, s'imposerait à ceux à qui elle n'aurait pas le
don de plaire, au même titre que notre législation présente, qui
punit fort justement les voleurs à qui elle ne plaît pas le moins
du monde. *Dura lex sed lex.*

vous croyez-vous pétris, pour penser que vous puissiez, vous et les vôtres, vous enivrer sans honte de tous les plaisirs, quand il y a près de vous de petits enfants qui meurent de misère et de faim !

⁂

Ce n'est pas le luxe que je condamne, c'est tant de splendeur à côté de tant de misère, c'est l'indifférence de celui qui regorge de tout pour celui qui n'a rien.

En développant dans l'éducation le sentiment de la solidarité, vous élèverez nécessairement chez l'homme le sentiment de sa dignité personnelle. Et vous obtiendrez ce double résultat que les hommes seront plus portés à s'aider les uns les autres, et que diminuera chaque jour davantage le nombre de ceux qui ne doivent leur misère qu'à la débauche ou à la paresse.

⁂

La misère une fois disparue de la société, et par une plus intelligente compréhension de leurs véritables intérêts, la fraternité des peuples un fait accompli, le crime et le rapt en devenant moins désirables, seront en outre empêchés le plus possible par ce fait que le criminel ne pourra plus trouver un coin de terre, où il puisse se soustraire à la justice et au châtiment.

⁂

Et pour accomplir certains travaux que les citoyens de l'antiquité regardaient comme incompatibles avec leur dignité, ils avaient des esclaves. Avec les progrès toujours croissants des sciences et de la mécanique, les citoyens de l'avenir auront des machines.

* *

Déjà l'emploi des machines a centuplé bien des fois la force agissante et productrice de l'homme. Et l'on peut dire que si dans toutes les branches de l'activité humaine, on donnait aux applications de la science, aux machines, toute l'extension dont elles sont susceptibles, le travail de l'homme se réduirait pour les trois quarts à les regarder faire. Enfin si l'accord, l'union régnait parmi les hommes, c'est à quelques heures par jour que pour quintupler la production, se réduirait le travail de chacun.

* *

Il n'y aurait plus alors de « fainéants » ; car outre que la paresse voulue serait sans excuse, il est juste de dire que c'est moins contre le travail que les volontés s'insurgent, que contre l'excès de travail joint à l'excès de privations.

* *

Que si des incurables, encore il en reste, ils seront les enfants gâtés de la République.

* *

Il y a des organisations aussi rebelles au travail que d'autres à la vertu ; et ça n'est pas leur faute. — Il peut arriver à chacun d'en produire.

* *

Mais outre les préjugés, la vanité, les causes inavouables, l'obstacle principal au bien-être général, c'est l'argent. Et pour n'en donner qu'un exemple : Je demandais, il y a quelque temps, à un agronome distingué : « Question d'argent mise à part, la science serait-elle actuellement en état de combattre victorieusement toutes les maladies de la vigne ? » Il me répondit sans hésiter : « Toutes. » Ainsi ni les moyens, ni les matières premières, ni les bras ne font défaut; et si le vin ne coule point pour tout le monde, la faute en est... à l'argent. Si même en certains endroits les campagnes manquent d'eau ; si les trois quarts des habitants des grandes et des petites villes en sont réduits à boire une eau contaminée, c'est la faute à l'argent. Enfin s'il est encore en nos cités des carrefours sombres, si jusqu'au matin la lumière de la nuit n'y remplace celle du jour, si par quelque rue tortueuse et mal éclairée, une misérable escarpe te prend ta vie, ou te vole ton argent, ô bon bourgeois, dis-toi bien que la faute en est doublement, triplement à l'argent.

Ici je serais presque tenté de répondre à l'objection imbécile que nous font les loustics, les gens à l'esprit facile, — objection qui même a été faite, je crois, à la Chambre des députés à M. Jules Guesde : « Dans votre société idéale, qui voudra être vidangeur? » Mais l'invention du « *système aspirateur Liernur* », expérimenté il y a deux ans à Trouville avec le succès que l'on sait, me tiendra, je l'espère, et pour les plus exigeants, lieu de réponse. Et si toutes nos villes, jusqu'à nos moindres bourgs n'en sont point dotés, la faute en est encore à l'argent. Pourtant que d'épidémies seraient ainsi évitées, qui n'atteignent pas que les miséreux ! Que de principes fertilisants rendus à l'agriculture, qui en a besoin !

On est vraiment émerveillé de tout ce que l'homme pourrait faire pour embellir son domaine, s'il n'y avait cet obstacle toujours le même : l'argent.

Si, par une éducation mieux appropriée aux aspirations

et aux besoins de l'homme, on arrive un jour à donner à la nature humaine, le degré d'élévation et de noblesse dont elle est susceptible, — les hommes, mieux éclairés sur les conditions du bonheur, et comprenant enfin l'injustice des inégalités sociales, ainsi que les maux qui en sont la conséquence fatale, nécessaire, toutes les supériorités viendront abdiquer devant l'égalité sociale, et, *toutes les professions étant également honorées* (1), chacun dans la mesure de ses forces, de son talent, de son intelligence ne travaillera plus qu'au bien de tous. — Ce jour marquera le triomphe de l'égoïsme intelligent sur l'égoïsme primitif : l'égoïsme brutal ou inconscient.

La nature s'est complu à multiplier les inégalités entre les hommes. Mais inégaux en fait, la société les rend égaux en droits, en tant que selon leurs moyens ils contribuent au bien général.

*
* *

Ceux qui s'appuient sur ces inégalités naturelles pour proclamer le règne éternel, nécessaire des inégalités sociales, ne veulent donc pas voir que non seulement une société bien organisée, mais encore que toute société serait impossible, si la nature nous avait faits tous égaux. Ces inégalités de la nature sont, au contraire, une condition de l'harmonie sociale, faite de l'emploi intelligent des facultés de chacun.

*
* *

Le simple maçon, pour remplir une mission sociale d'un ordre moins relevé que l'architecte, n'est pas moins utile que ce dernier. D'aucuns diraient même plus utile : mieux vaut point de palais que point de maisons.

(1) Ainsi nos descendants échapperont à ce ridicule et cet odieux d'être tour à tour, — et jusqu'entre membres d'une même famille, — méprisant les uns et des autres méprisés.

*
* *

Tant que les droits de tous ne seront pas sanctionnés par les faits, il y aura toujours des révoltés. Et ces révoltés, sciemment ou non, sont les véritables artisans de la justice sociale, en dehors de laquelle il ne saurait y avoir sécurité ni bonheur pour personne.

* *

Sans les révoltes des opprimés, l'humanité eût éternellement porté le joug des oppresseurs. Et c'est pourquoi la morale chrétienne, en tant qu'elle prêche la résignation, — ce qui fait tout son crédit auprès des classes dirigeantes, — est une morale si profondément anti-sociale et anti-humaine.

* *

Le but de la société, c'est de développer l'être par la collectivité et pour la collectivité. L'homme isolé ne peut rien ; il n'est puissant et fort que par son union avec ses semblables. Le concours de tous est utile à chacun pour qu'il puisse se développer pleinement. Chacun doit donc à tous ce qu'il a reçu de tous ; et si ses facultés en font un dirigeant, il doit diriger, — il y va de l'intérêt même de la communauté, — mais non point asservir ni exploiter. La masse sent fort bien qu'elle a besoin d'être conduite ; aussi dès qu'un groupement se forme, son premier soin est-il de se donner un guide, un directeur, un chef. L'élite elle-même n'échappe pas à cette nécessité de choisir parmi ses membres le plus digne, au moins pour la représenter et parler en son nom.

* *

Il ne faut pas craindre que le peuple se révolte contre le principe même de la hiérarchie. Elle est, il la sent nécessaire ; et par sa mansuétude à ne pas s'affranchir d'une

hiérarchie, qui n'est le plus souvent justifiée ni par le mérite ni par les services rendus, jugez combien il serait
accueillant à une hiérarchie, où les élus choisis par lui-
même, — parmi les plus dignes, puisqu'il y serait intéressé, — témoigneraient par leurs actes qu'ils ont le sentiment de leurs devoirs, au lieu de ne voir trop souvent
dans leurs fonctions qu'une arme en leurs mains pour
opprimer, déprimer ceux-là mêmes qu'ils ont pour mission d'émanciper et de servir.

***

Mais un heureux choix de dirigeants n'est possible
qu'autant qu'électeurs et élus seront à l'abri de la corruption, c'est-à-dire quand aura cessé le règne de l'argent.

***

L'argent salit tout ce qu'il touche. Il souille nos affections les plus pures, comme nos douleurs les plus saintes.
Il n'est pas jusqu'à l'aumône que nous faisons au misérable, qui n'imprime le sceau de la honte au front de
l'humanité.

***

Les mères escomptent la beauté de leurs filles en vue du
mariage riche, quand elles ne font pas pis encore. Les
jeunes filles sont rarement exemptes de ce souci : le désir
de briller étouffe les élans du cœur. Les jolis garçons tra-
fiquent de leur beauté comme les marquis de leur titre.

***

Notre société, grâce à l'argent, sue la prostitution par
tous les pores. Elle en vit en attendant qu'elle en meure.

***

Les familles les plus unies se désagrègent, dès qu'on en

vient à compter avec l'argent. Les frères deviennent ennemis ; les enfants, poussés par le besoin ou la cupidité,
attendent avec une impatience qu'ils ne prennent pas toujours la peine de dissimuler, la mort de leurs parents. Nos
deuils les plus sincères sont attiédis par la pensée de l'héritage.

*
* *

Dans les mariages la dot est devenue la question principale ; et malheur à qui s'en désintéresse. La misère et la
gêne sont le tombeau de l'amour. Heureux encore quand
l'amour seul succombe, et que l'honneur ne sombre pas
avec lui.

*
* *

Le mal d'argent est le pire des maux, comme l'indigence
est la pire des hontes : on affiche un vice, on rougit de sa
pauvreté. Je ne connais pas de vertu plus haute que de
porter dignement sa misère.

*
* *

On se console de tout : de la perte d'un père, d'une
mère, d'un fils, d'un frère, d'un ami, de la femme la plus
aimée, voire même de son honneur ; — on ne se console
point de la perte de sa fortune, à moins qu'on n'ait les
moyens d'en édifier une autre. Mais les joies de l'héritage
cicatrisent les plaies du cœur.

*
* *

D'autre part, l'argent gâte tous nos plaisirs par le prix
qu'il y faut mettre. Et ce n'est guère qu'en se privant de
tous les plaisirs qu'honnêtement on s'enrichit. Même après
fortune faite, on regrette l'argent qu'on met à ses plaisirs,
cet argent qu'on n'a déjà conquis que par le sacrifice de
tous les plaisirs. Que si vous mettez sans regret l'argent à
vos plaisirs, la source se tarit vite. — Quand on dépense

son superflu du jour, on ne sait jamais si ce n'est point sur son nécessaire de demain qu'on le prend.

Je comprends que par esprit de prévoyance on ait plus de plaisir à économiser son argent qu'à le dépenser. Mais ce plaisir ne va pas sans quelque regret, car j'ai parfaitement observé que ceux qui se privent le plus des distractions où l'on paie, ne laissent pas d'être très friands des spectacles gratuits. Et si chez eux ils vivent de peu, on ne les vit jamais faire grise mine à un bon repas chez les autres. — D'ailleurs, il n'est pas de prévoyance si grande qu'elle ne puisse être déjouée par les circonstances ou le hasard.

La prévoyance rigoureuse conduit tout droit à l'avarice : on se prive volontairement de tout, de peur d'être un jour contraint de se priver de quelque chose.

Les plaisirs que l'argent donne ne sont rien au prix de ceux qu'il nous fait perdre.

A quelque point de vue que l'on se place, il faut être aveugle pour ne pas voir que l'argent est, a été, sera toujours l'obstacle principal au bonheur des hommes. — Tandis que vienne un temps où il n'y aura plus de pauvres pour se vendre, plus de riches pour les acheter, un temps où chacun aura sa part de la richesse publique, et pourra jouir à son gré des avantages de la vie sociale, la corruption, le crime, la prostitution, ces trois fléaux de nos civilisations modernes, auront, avec la cause qui les engendre tous, cessé pour toujours de fournir au monde leur contingent de turpitudes, d'horreurs et d'infamies.

.•.

Mais, me répondront les gens pour qui le relatif ne
compte pas, dès que du coup on ne saurait atteindre à
l'absolu, — comme si du jour au lendemain nous avions
jamais pensé à leur servir cet absolu, — vous n'éviterez
pas les crimes passionnels. — Éviter les autres, c'est déjà
quelque chose, avouez-le. Aussi bien des crimes passionnels, parlons-en. En vérité, il y en aurait déjà bien moins,
si la société ne se montrait pour eux d'une faiblesse qui
touche parfois à la complicité. Et si l'on veut toute notre
pensée sur la matière : ce sont ceux-là mêmes pour lesquels on devrait avoir le moins d'indulgence, d'abord
parce qu'on peut mieux se passer d'amour que de pain,
ensuite et surtout parce qu'ils attentent à la plus sacrée de
nos libertés : la liberté d'aimer, et qu'ils procèdent tous
plus ou moins du sentiment le plus bas que la nature ait
mis en nous : la jalousie. Mais voilà, ce sont des hommes de
passion qui jugent les crimes passionnels, et jamais des
miséreux les crimes de la misère.

.•.

Mais, m'opposera-t-on, comment arrêter le flot montant
des crimes passionnels? Ne sont-ils pas de premier mouvement, des actes impulsifs au premier chef? et qui, au moment d'agir, a la liberté d'esprit qui lui fait voir le châtiment? La sanction pénale ne peut donc rien contre eux. —
Il y a là, me semble-t-il, une erreur psychologique des
plus graves. La vérité est que la quasi impunité dont ils
jouissent nous a fait à leur endroit un état d'esprit tout
spécial, et que nous avons fini par les considérer comme
légitimes. Mais le jour où il serait entendu qu'ils sont sans
excuse, il se formerait des mentalités nouvelles, et les
crimes passionnels, plus encore que les autres, ne seraient
plus que le fait des brutes malfaisantes, vis-à-vis desquelles

la morale perd ses droits, et d'autant plus conserve tous
les siens le code pénal.

.˙.

Qu'on ne me parle pas en certains cas d'honneur à
venger ! La femme légitime par exemple, — et je prends le
cas le plus grave, — qui vous trompe ou vous quitte, par
dégoût de votre personne ou par amour pour un autre,
peut commettre une faute, très grave même en l'état de
nos mœurs, mais qui ne mérite pas la mort. Et à qui n'a
pas su excuser la faute, on ne saurait pardonner le crime.
— D'ailleurs qui songe à venger son honneur, quand la
femme est exécrée, ou même indifférente ?

.˙.

Vous aimez et vous n'êtes pas aimé. Que faire à cela ?
De quel droit demanderez-vous à l'être aimé de sacrifier
son bonheur au vôtre, ses répugnances à vos désirs ? N'est-
il pas plus naturel et plus juste que vous lui sacrifiez le
vôtre ? Tout vous le commande, tout vous l'ordonne (sauf
peut-être la férocité de votre égoïsme) : la nature, où tout
rend à l'amour un hommage éternel ; la famille même, qui
ne se maintient que par l'union des cœurs et se désagrège
quand la désaffection y règne ; la société, dont la bonne
harmonie est faite des harmonies individuelles ; votre
propre dignité, à qui ne sauraient suffire, — vous les ac-
cordât-on par pitié, — les matérialités d'un amour contraint ; enfin et au-dessus de tout le droit imprescriptible
pour chaque être de disposer de son corps selon son cœur.

.˙.

Aussi bien les mœurs et les lois, qui portent atteinte à
ce droit, sont aussi anti-naturelles qu'anti-sociales ; et ce
ne saurait être impunément pour elle qu'une société prétend opposer ses lois à celles de la nature. — Or, le mal
de l'amour, c'est l'argent.

*
**

Il faut, quand on est pauvre, une moralité plus haute pour sacrifier l'amour à l'argent que l'argent à l'amour. Quel est l'homme en effet que n'attirent point la grâce et la beauté? Se laisser aller à ce penchant savoureux est à la portée de tout le monde. Y résister par sentiment du devoir à l'égard de la progéniture, est le fait d'une belle âme.

*
**

Et ceux qui, riches ou pauvres, s'y abandonnent, font grand étalage de leur désintéressement et de leur cœur, même quand la satisfaction de leur orgueil et de leur sens seule est en jeu.

*
**

De fait, si j'en excepte les artistes qui par vocation vont droit à la beauté, ce sont les plus bêtes, les plus laids ou les plus vicieux qui, dans le mariage, sacrifient le plus à la beauté.

*
**

La recherche exclusive de la beauté dans le mariage est d'un esprit petit la marque certaine.

*
**

Mais quand on a tout sacrifié pour avoir une femme qui plaît, on a beaucoup de chances de s'être donné une femme à qui l'on ne plaît point. — Ainsi l'argent rompt toutes les harmonies de la nature.

*
**

La fortune disparaîtra donc et avec elle les moyens de s'enrichir. C'est dans l'ordre inéluctable des choses (1).

(1) Pourquoi ? — Nous parlons ici pour ceux qui, comme nous, croient au progrès indéfini dans le sens du bonheur universel.

C'est une conséquence fatale de la loi du Progrès, qui, à l'image du temps, toujours marche et jamais ne s'arrête, et qui pourtant nous paraît si lent, au gré de notre impatience, que, semblable au cours de certaines rivières, l'observateur superficiel ne sait trop s'il avance ou s'il recule.

*
* *

C'est que le progrès, dans le sens du bonheur général, ne va pas sans retours en arrière. Ces retours sont même une condition nécessaire. En effet, pour qu'une transformation sociale se produise, il faut que la masse s'y sente fortement intéressée. Or, pour que cet intérêt lui apparaisse, il ne suffit pas du mal présent, pour peu qu'elle voie dans l'ordre existant une espérance pour des jours prochains. L'excès du mal marque l'aurore des meilleurs lendemains.

*
* *

Tout ce qui tend à donner à l'homme plus de liberté, plus d'indépendance, tout ce qui développe son intelligence et élève son esprit, constitue un progrès. Mais plus de bonheur n'en est pas toujours une conséquence immédiate. C'est souvent même tout le contraire qui arrive, tant qu'à des idées nouvelles, à des besoins nouveaux, ne correspond pas un état social nouveau, en harmonie avec ces idées et ces besoins. Mais il importait au préalable de leur donner naissance pour obtenir de l'homme l'effort qui doit leur

Nous croyons avoir suffisamment indiqué l'influence néfaste de l'argent. Il y a des gens, et ils sont nombreux, qui ne croient pas au progrès social. Leur conception ne va pas jusque-là. Je n'ai rien à faire avec eux. Mais les autres, pensent-ils sérieusement que l'on puisse concilier avec la puissance de l'argent le bonheur public ? Pensent-ils qu'il soit possible de réfréner cette puissance, au point de la rendre inoffensive ? S'ils le pensent, ils ne sont pas avec moi. Mais s'ils ne le pensent pas, ils m'accorderont sa disparition nécessaire, et par suite fatale, à moins de nier eux-mêmes le Progrès.

donner satisfaction. Peu de personnes en effet sont capables d'élever leur mentalité au-dessus de leurs intérêts immédiats, et c'est par les esprits d'élite et l'armée des mécontents que se font les révolutions.

. .
.

Mais cette loi du Progrès, pour qui veut en constater l'existence, ne suffit-il point de mettre en opposition l'homme sauvage des premières âges et l'homme civilisé de nos jours, particulièrement dans ses représentants les plus élevés? Il est en effet impossible de nier que l'un ne soit le produit de l'autre. Et cependant quelques mille ans à peine nous séparent de ces temps où l'homme n'avait point d'histoire, de ces temps qui nous paraissent si éloignés, à nous dont la vie est si courte, mais qui sont en réalité si peu de chose, si on les compare aux centaines de mille ans qu'a vécu l'homme préhistorique, aux milliers de siècles que l'humanité a sans doute encore à parcourir.

. .
.

N'est-ce point encore assez pour qu'un esprit non prévenu en saisisse toute la grandeur et toute la réalité, que l'observation de ce fait, que nous révèle l'étude de l'histoire, — c'est que depuis le jour où l'homme a commencé d'entrer dans la voie de la civilisation, ce progrès n'a cessé de se manifester par des signes certains, et qu'il n'est pas un siècle qui s'écoule sans laisser parmi la masse des humains quelques traces bienfaisantes, dont s'illumine l'esprit du penseur pour présager au monde l'avènement lointain d'un âge, où de l'or qui règne en souverain dans le nôtre, il n'y aura de conservé que le nom.

. .
.

Est-il besoin de faire observer que si présentement l'argent est tout, en réalité il ne produit rien, ne donne rien?

Il est au contraire un obstacle, dès qu'il vient à manquer,
— et il manque toujours pour les œuvres utiles. Mais à
peine est-il trouvé que les intelligences et les bras sur-
gissent comme par enchantement ; et l'on peut dire que si
partout la matière n'est pas assujettie aux besoins de
l'homme, cela ne tient qu'à un mauvais emploi des forces
sociales. Supprimez l'obstacle, c'est atteindre le but. Voilà
pour l'argent dans les faits d'ordre physique. Dans l'ordre
moral son action démoralisatrice n'est ni ne peut être niée
par personne.

.˙.

Déjà il est aisé de prévoir que notre société en mal
d'argent se moralisera ou périra. Mais guérison ou pour-
riture, il en sortira toujours un progrès avec diminution
ou disparition de la puissance dissolvante de l'argent.

.˙.

Il est à noter que l'inintelligence des uns n'est en aucune
façon un obstacle à l'harmonie de tous. Les gens inintelligents ont besoin des gens intelligents pour les instruire, et
ceux-ci des premiers pour s'en faire admirer.

.˙.

Le véritable obstacle à la fraternité est dans le costume.
On s'excuse de s'être rencontré avec un homme mal vêtu,
tandis qu'on se pavane aux côtés d'un fripon ou d'un sot
bien habillé. Et pour peu qu'ils soient l'amphitryon où l'on
dîne, on est tout disposé à leur reconnaître du cœur et de
l'esprit.

.˙.

L'influence du costume sur nous-mêmes et les autres
est énorme. On voit couramment des gens d'attitude
humble, soumise sous des habits pauvres, prendre tout
à coup un grand air d'importance sous des habits neufs.

.*.

L'habit vous donne assurance, confiance en vous-même et prépare au succès. Etre mal vêtu, c'est la pire déchéance. On n'a plus ni estime, ni considération, ni honneur. On n'est plus un homme, mais un débris dont chacun se détourne et dont personne ne veut. — Quant à savoir ce que vous avez dans le cœur, on n'y songe guère. Et pourtant ce serait là l'essentiel, car si votre cœur est bon vous êtes intéressant, et s'il est mauvais, intéressant ou non, vous êtes dangereux.

.*.

Par cette indifférence les bons se gâtent, les mauvais deviennent pires, et malgré les lois, la police et les gendarmes, l'insécurité est partout.

.*.

Quand tout le monde sera bien habillé, ou même quand on saura que tout le monde pourrait l'être, — déjà la mauvaise mise ne nuit qu'aux malheureux, — la question de costume ne sera plus qu'une affaire de goût; et qu'il n'y ait plus que des professions honorables et partant honorées, chacun dans le choix de ses relations pourra se laisser aller à ses affinités naturelles, et l'on cessera de se mépriser sans se connaître.

.*.

Que de gens nés pour sympathiser avec vous, avec lesquels on ne peut se rencontrer, tant sont enracinés les préjugés de castes, de profession, de fortune. Pourtant on se ruine pour fréquenter qui vous dédaigne, sans se douter que c'est au-dessous de soi, non au-dessus que se trouvent les cœurs dévoués.

*
* *

Quand les hommes n'auront plus pour principal mobile de leur conduite de s'élever par ou pour la richesse, leurs actions y gagneront en moralité. Ils n'auront pas perdu ce désir inné de se distinguer, auquel nous devons tout ce qui s'est fait de grand dans le monde ; et si la supériorité intellectuelle, la supériorité artistique n'auront pas en fait cessé d'exister, elles ne seront l'objet d'aucun avantage matériel dans ce nouvel état social tout fait d'égalité et de justice, où chacun mettra au service de tous les facultés qu'il aura reçues de la nature et de l'éducation, et où toute l'ambition d'un homme consistera dans la seule émulation à mieux remplir ses devoirs de membre de la grande famille humaine.

Cette maxime. « Chacun pour soi », que vous entendez répéter partout, et qui est comme le mot d'ordre de la société actuelle, est tellement absurde qu'il suffirait à un homme qu'il se l'appliquât dans toute sa rigueur, pour qu'il fût l'être le plus misérable du monde.

*
* *

Tandis que plus nous élargissons le cercle de nos affections, plus nous paraissons sacrifier l'amour de soi à l'amour d'autrui, — plus en réalité nous faisons concourir d'agents de félicité à la satisfaction de notre propre égoïsme, moins nous nous sentons isolés dans le monde, et plus par ce milieu sympathique où nous vivons, la vie se trouve avoir de charmes pour nous.

*
* *

Nous avons tous plus besoin de notre prochain que notre prochain ne peut avoir besoin de nous. Plus nous sacrifions autrui à nous-mêmes, plus nous fait défaut l'assistance de nos semblables, plus notre isolement nous accable, et plus nous paraît lourd le fardeau de l'existence.

**

Ah ! le jour où les hommes comprendront que c'est dans le perpétuel sacrifice de soi-même à autrui, et non point dans son contraire qu'il faut chercher le bonheur (1), alors l'humanité sera bien près du but qu'elle poursuit. Car si vous m'accordez que c'est bien par ce sentiment d'abnégation, cette émulation au sacrifice que la société est capable d'atteindre à son idéal de bonheur, je vous demanderai pourquoi le désirant de toutes ses forces et en ayant les moyens, elle n'y parviendrait point.

**

« Il y a toujours eu des malheureux dans le monde, et il y en aura toujours. » — Mais esprits faibles que vous êtes, regardez donc derrière vous ; et de ce que le nombre des déshérités, des abandonnés s'en est toujours allé diminuant, n'en pouvez-vous pas conclure logiquement que ce nombre qui s'affaiblit sans cesse, se rapprochera de plus en plus du terme désirable : zéro ?

**

Prétendre qu'une chose toujours sera, parce que toujours elle a été, provient d'une véritable infirmité intellectuelle, — lorsqu'il est tant de choses qui avant d'avoir cessé d'être, avaient toujours été, et qu'on disait comme aujourd'hui devoir toujours être.

(1) Il ne peut s'agir ici du bonheur d'un homme isolé se sacrifiant toujours et sans réciprocité, mais du principe des hommes se sacrifiant les uns pour les autres pour leur plus grand bonheur.

Un admirable sentiment de solidarité parmi les hommes, entraînant chacun à rechercher son plus grand bien dans le bonheur de tous, me paraît devoir être le dernier mot du progrès dans les mœurs.

Or la solidarité, dans l'ordre social comme dans l'ordre moral, est une loi aussi certaine que dans le monde physique la loi de l'attraction. — C'est l'attraction qui règle dans leurs mouvements cette merveilleuse harmonie des mondes; c'est la solidarité qui fera régner cette autre harmonie qui, sur l'union et l'amour des peuples, scellera le bonheur de l'Humanité.

CHAPITRE II

INDIVIDUALISME ET SOCIALISME

L'individualisme est le ver rongeur de la solidarité,
comme le socialisme en est l'épanouissement naturel.

L'individualisme en effet, c'est la négation de la morale;
c'est la bête humaine déchaînée; c'est le faible opprimé
par le fort; c'est le succès *per fas et nefas;* c'est le contraste odieux de l'extrême opulence et de l'extrême misère; c'est le triomphe de l'argent : c'est ce qui est et ne
doit pas être. — Pour l'individualiste sans conscience, il
n'est qu'un frein : le code et les gendarmes.

Le socialisme au contraire, c'est toute la morale; c'est
l'être humain perfectionné; c'est le faible protégé par le
fort; c'est le plein développement de l'individu pour le
bien de tous; c'est la satisfaction de tous les besoins légitimes; c'est la fin du règne de l'argent : c'est ce qui doit
être et sera. — Pour un cœur socialiste, son bien finit où
commence le mal d'autrui.

Mais il est bien évident que la morale socialiste ne peut
avoir ses pleins effets que dans un État socialiste. Pour le
résent, on ne peut raisonnablement demander aux adeptes

du socialisme, que de concilier dans la mesure du possible les prescriptions de la morale avec les exigences de la vie sociale.

****

Ainsi le socialiste riche, qui s'aviserait de se dépouiller de ses biens en faveur d'une communauté encore à naître, — sachant bien que son exemple eût-il des imitateurs, cela ne ferait pas avancer d'un pas la question sociale, — commettrait un acte de folie, s'il était sans famille, presque un crime, s'il avait des enfants, dans les deux cas un acte de faiblesse coupable, de trahison inconsciente à l'égard de son parti.

****

Tant que régnera l'argent, il faut au contraire que les socialistes puissent opposer l'argent à l'argent ; car pour vaincre le capitalisme, il ne leur faudrait que plus d'argent.

****

Agir en homme de bien et employer une part de son temps et de sa fortune au triomphe de ses idées, suffit à l'ordinaire au socialiste riche pour n'être point taxé d'inconséquence. Ayant comme tout le monde à souffrir d'un état social qu'il réprouve, on ne saurait lui faire un crime de s'en ménager les avantages pour lui et pour les siens.

****

Ce n'est point par des sacrifices d'argent individuels que la société peut être sauvée, mais par un grand courant d'opinion, que tout socialiste sincère doit s'efforcer de faire naître et grandir.

****

Un seul homme, lançant dans le monde une idée juste, fait plus pour le bien de l'humanité qu'un million de millionnaires, distribuant leurs biens aux pauvres.

.*.

Malheureusement les idées fausses trouvent dans la presque universalité des esprits faux ou faussés, un terrain tout préparé pour les recevoir, au lieu que les idées justes, se heurtant presque toujours aux idées acquises ou à des préjugés intéréssés, ont bien de la peine à percer. — Mais l'erreur n'a qu'un temps, et la vérité brille d'un éclat éternel.

.*.

Ainsi c'est une erreur communément répandue contre laquelle il importe de réagir, que de croire qu'une organisation socialiste enrayerait avec le dehors le mouvement des affaires. Je pose au contraire en fait qu'un grand État comme la France, socialement organisé, avec les ressources illimitées en argent et en hommes dont il pourrait disposer (car l'argent, nous l'avons, et des hommes, il en viendrait de toutes parts, s'il en était besoin, tout au moins ne craindrait-on plus d'en faire), verrait en peu de temps quintupler sa production ; en sorte que de notre surproduction nous pourrions inonder les marchés de l'étranger, et, les conditions économiques restant les mêmes dans les autres États, accaparer à notre profit le commerce du monde. Cela dit pour répondre à ceux qui prétendent que le socialisme est impossible, s'il n'est en même temps réalisé dans tous les pays civilisés. La vérité est qu'en présence des résultats merveilleux qu'on obtiendrait, il suffirait que l'élan fût donné, et tous les peuples suivraient !

.*.

Et si nous nous plaçons au point de vue purement patriotique, nous qu'on appelle les mauvais Français, parce que nous savons en nos cœurs concilier l'amour de la Patrie et de l'Humanité, c'est vraiment du socialisme que l'on peut dire qu'en cas de guerre il ferait notre France

invincible. Quand on n'aurait plus à compter avec les intérêts individuels, c'est-à-dire avec l'argent, nous aurions
en peu d'années la première flotte du monde ; nous verrions
nos frontières hérissées de forteresses imprenables, notre
armement sous toutes ses formes porté à son plus haut
degré de puissance. Et ce ne seraient plus comme en 1870,
— alors que l'argent se terrait, que nos entrepôts regorgeaient de marchandises, et qu'après la défaite nous trouvions encore dans nos caisses des milliards pour les vainqueurs, — des soldats affamés, mal vêtus, sans souliers, à
demi-désarmés, que nous aurions à opposer à l'ennemi,
mais des troupes bien pourvues de munitions et de vivres,
également animées de la volonté de vaincre, parce que ce
ne serait plus seulement le patrimoine de quelques-uns
qu'il s'agirait de défendre, mais la France, devenue vraiment alors le patrimoine de tous les Français.

*
* *

Mais peut-on seulement imaginer la guerre, ce fléau de
l'ambition des tyrans et de la haine des peuples, dans le
triomphe de l'Idée socialiste, qui agite à cette heure,
jusqu'en leurs couches les plus profondes, toutes les
nations civilisées, aux seuls mots de Liberté, de Fraternité
et de Justice !

*
* *

Faut-il encore répondre à cette objection misérable,
qui jouit pourtant d'un certain crédit auprès des naïfs, à
savoir que la seule crainte du socialisme suffirait pour que
nos braves capitalistes portassent leur or à l'étranger ? Et à
les entendre, ce serait la fin de tout. Constatons d'abord
qu'ils donneraient là vraiment un bel exemple de leur
patriotisme tant vanté. Comme si d'ailleurs ils s'en gênaient
de placer leur argent à l'étranger, dès qu'ils y voient seulement un intérêt de 0 fr. 25 %. Mais les pauvres ! ils se
heurteraient à des difficultés qu'ils n'ont pas l'air de

soupçonner. — Si les créanciers de l'Etat et des Communes venaient à réclamer les cinquante milliards qui leur sont dus, on ne pourrait les leur donner qu'en les prenant dans leurs poches ; or, comme ils ne les ont pas, ce serait la faillite générale, et il ne leur resterait plus rien à porter à l'étranger que leur personne et des papiers sans valeur. En cette occurrence, ils nous resteraient, soyez-en sûrs.

*
* *

En tout état de cause, ce qu'ils ne sauraient emporter, c'est ce qui constitue la vraie fortune de la France : le sol, les usines, les travailleurs, son génie. En vérité mille ouvriers habiles, forcés par l'ordre capitaliste à quitter le sol français pour porter à l'étranger leur art, font plus de mal à la fortune du pays que mille millionnaires lui portant leur or.

*
* *

Mais prenons la question de moins haut. Supposons qu'effectivement une politique socialiste vienne à jeter le trouble dans l'âme pusillanime de nos bons rentiers. Leur premier cri, le cri du cœur, serait en effet : « Vendons nos rentes. » Mais vendre à qui, s'il n'y avait plus de rentiers pour les acheter ?

*
* *

Personne, plus que les rentiers, n'est intéressé à la hausse des cours. S'ils font la baisse, tant pis pour eux. Une panique dans les cours français amènerait par contre-coup une surélévation des cours étrangers. — Réduit à cette alternative : garder ses valeurs françaises d'une part, ou les vendre à bas prix pour acheter très cher des valeurs étrangères d'autre part, le bon rentier, je le connais, il hésiterait, tant et si bien qu'il attendrait... les événements.

*
* *

Et puis acheter où ? En Espagne ? en Italie ? en Turquie ?
en Angleterre ? en Allemagne ? tous pays à demi ruinés ou
contaminés du virus socialiste. Reste la Russie. Elle est
bien assez grande pour contenir tous les mauvais Français.
Qu'ils y aillent !

Quant à présent, de toutes les tentatives d'amélioration
sociale qui ont été faites, la plupart empruntées au pro-
gramme socialiste, reconnaissons qu'il n'en est aucune
qui salutaire aux uns ne soit malfaisante aux autres, et
presque toujours nuisible au corps social, parce qu'elles
ne peuvent sans dommage s'adapter au régime capitaliste.
Les individualistes et les économistes le voient bien. Et
c'est pourquoi ils ne se lassent pas de crier gare aux
hommes de sentiment, qui, blessés des injustices sociales,
ne voudraient cependant pas faire acte d'adhésion au socialisme. Mais malgré eux ils y sont entraînés, dès que par
une mesure quelconque ils essayent de faire pénétrer plus
de justice dans les institutions.

*
* *

L'impuissance de la société bourgeoise à rien faire pour
le peuple qui lui profite, ne s'est jamais si bien manifestée
que par cette loi, pourtant si humaine et qui témoigne au
moins de la bonne volonté de nos législateurs, contre les
accidents du travail. Après avoir mis 18 ans à naître, bien
que n'embrassant qu'une catégorie très restreinte de travailleurs, voici qu'elle provoque, au moment où j'écris ces
lignes, dans le monde des patrons et des ouvriers, une
perturbation telle qu'on en vient à réclamer contre elle
dans les deux camps. Le fait est qu'elle apparaît désas-
treuse pour tout le monde, sauf pour les gros capitalistes
qui, à côté de bons revenus pour leur argent, y trouveront

pour eux et leurs proches de grasses sinécures sur la ruine
des petits patrons et le maigre salaire des ouvriers. Ainsi
s'augmente tous les jours le nombre de ceux qui vivent
sur l'argent du travail des autres. A ce point de vue l'institution des assurances par des Compagnies constitue une
des plaies les plus graves de notre ordre économique.

*
* *

Il y aurait bien un moyen de conserver à cette loi ses
effets humanitaires et d'en réduire les inconvénients : ce
serait de faire recevoir les assurances par l'Etat avec des
primes modérées. Tout le monde sent bien que c'est là le
remède. Mais ce serait, objecte-t-on, entrer dans la voie
du socialisme ; et par nos législateurs tout imprégnés
d'individualisme, la porte est bien gardée. A toi, peuple,
de voir si tu veux la forcer.

*
* *

Mais cette impuissance du régime capitaliste finira bien
par ouvrir les yeux aux gens de cœur parmi nos adversaires : il y en a dans leurs rangs comme dans les nôtres.
Alors conquis à nos idées (car individualiste on naît,
socialiste on devient), leur concours sera d'autant plus
précieux, ils apporteront à combattre avec nous le bon
combat, une énergie d'autant plus grande que dans le
camp opposé leur hostilité aura été plus ardente et plus
sincère. Et du côté des individualistes, il ne restera plus
que ces hommes, au cœur desquels rien d'humain ne
bat, et qui se représentent la vie un éternel champ de
bataille, où il est dans la destinée des faibles d'être impi-
toyablement écrasés par les forts. Mais le faible à son
tour par le nombre devient la force. De là ces sanglantes
représailles, où l'esclave brisant ses fers venge un jour des
siècles d'oppression. — Seulement alors ne seront plus à
craindre pour personne les retours de la fortune, quand

nul État, nul homme ne fondera plus sa puissance ou son bien sur la ruine ou le mal d'autrui.

*
* *

Pour ce qui est de nos savants économistes, je reconnaîtrai volontiers que ce sont de fort honnêtes gens, animés des meilleures intentions, et d'autant plus férus de leur science qu'au point de vue théorique ils la sentent plus juste. Malheureusement dans la pratique, elle se heurte de toutes parts à des contingences qui l'annihilent. Elle ferait peut-être merveille, s'il n'y avait que des gens de bien, et elle intéresse à la malhonnêteté. En effet reposant sur l'individualisme et sur la libre concurrence, loin d'améliorer l'homme, elle tend à développer ses pires instincts. Chacun veut parvenir, et pour cela ne doit compter que sur lui-même. C'est bien pour le petit nombre, à qui le talent suffit au succès. Et je sais que ceux-là ne demandent à la société que de les laisser librement se tracer eux-mêmes leur sillon. Mais la loi de la solidarité les tient; et n'ayez crainte, le monde des ratés et des envieux leur fera payer cher leurs succès. — Mais les autres, la grande masse, elle aussi elle veut vivre, elle veut posséder, elle veut jouir; et pour atteindre le but, chacun se sert de ses qualités, bonnes ou mauvaises; or il arrive que même avec du talent, c'est aussi souvent par les mauvaises qu'on réussit que par les bonnes. — Succès éphémère sans doute. Mais combien peu en ont la vision bien nette, ou même l'ayant ont la patience d'attendre de la seule honnêteté une réussite incertaine ! Un coup de pouce à la vertu déblaye la route et vogue la galère ! Et puis des qualités, qui n'en a point de bonnes ne peut que faire usage des mauvaises. C'est à quoi il ne manque pas, et comment s'en étonner ?

*
* *

Le socialisme au contraire tend à rendre l'homme

meilleur par plus de sécurité, plus de bien-être, par la
difficulté toujours plus grande d'exercer ses mauvais penchants, et la faculté toujours offerte de développer en lui
tout ce qu'il y a de généreux et de bon. Pour me résumer : les bonnes intentions des économistes ne sont pas de
celles qu'on discute. Il est seulement fâcheux qu'ils ne
connaissent rien de la matière sur laquelle et pour laquelle
ils opèrent, l'homme, qui en général est bon, s'il a un
intérêt visible à l'être, et qui devient mauvais, ne le fût-il
point à l'origine, dès que ce même intérêt le lui commande. — Et quand on pense que de tant de travaux accu-
mulés, il ne restera rien, on serait plutôt porté à les
plaindre, si on ne les savait d'autre part fort bien ren-
tés.

Je sais bien que les économistes me répondront que leur
science ne répugne pas à l'idée de justice, que même elle
s'en inspire souvent, je leur accorderai même toujours.
Mais ils ne peuvent pas faire que dans la lutte pour la
vie, ceux qui se laissent guider par cette idée de justice ne
soient battus par ceux qui s'en moquent, et la malhonnêteté des uns engendre celle des autres.

Le véritable individualisme, c'est le socialisme qui
le donnera, en facilitant à chaque être les moyens de se
développer pleinement dans le sens de ses facultés utiles,
laissant les autres sans emploi. — Quant à moi, je suis
arrivé à cette conviction qu'il est impossible à un homme
épris d'humanité et de justice de n'être point, dans la
plus haute acception du mot, révolutionnaire.

Par une singulière aberration nous voyons actuellement
des contempteurs du socialisme chercher dans le mouve-

ment mutualiste une force contre l'action socialiste. Mais ils ne voient donc pas qu'ils courent ainsi au-devant du mal qu'ils prétendent conjurer. Ils me font songer à l'autruche, qui s'imagine parer au danger qui la menace en se couvrant la tête de son aile. Quand, par des associations locales ou professionnelles, le monde des travailleurs, donnant ainsi les premiers coups de pioche à la citadelle individualiste, aura réussi à pallier dans une certaine mesure les maux dont il souffre, ils ne seront pas éloignés de demander à la grande association nationale la fin de toutes leurs misères. Dans la mutualité le socialisme est en germe. Tel le bourgeon contient le fruit.

*
* *

Ou plutôt je me trompe : les mutualistes, pour la plupart, savent où ils vont, mais ils n'osent l'avouer. Leur cœur est bon, mais il est lâche. A leur insu ou non la crainte du qu'en dira-t-on pèse sur eux. J'avoue d'ailleurs qu'il faut souvent un certain courage pour se proclamer socialiste. On a tout aussitôt l'air d'un Monsieur qui en veut à votre argent ; tandis que mutualiste, c'est assez bien porté : on consent du moins à entrer en discussion avec vous. Mais socialiste ! si l'on ne va pas jusqu'à dire qu'ils sont tous des voleurs, c'est comme naguère pour les républicains : « Tous les voleurs sont socialistes. » Ce qui est radicalement faux, — le socialisme, en opérant les restitutions nécessaires, ayant justement pour fin de faire disparaître la race des voleurs, qui ne trouveraient plus l'occasion d'exercer leurs industries multiples. Le voleur est l'adversaire-né du socialisme, qui compte pour cela tant d'ennemis. A la rigueur un voleur peut être socialiste, mais c'est quand le vol lui fait honte.

*
* *

Le mutualiste est un homme avisé qui, sans compro-

mettre le présent, réserve l'avenir. Il est passé maître dans
l'art de ménager les transitions.

.*.

Il faut encore que je réponde à cette objection, la dernière, quand on est acculé : le socialisme, avec son fonctionnarisme universel, détruirait l'initiative individuelle. —
Oui, l'initiative des brutes, les initiatives malfaisantes.
Mais les autres ! Le socialisme empêcherait-il donc le penseur de penser et d'écrire, le poète de faire des vers, l'artiste de produire des chefs-d'œuvre, le génie sous toutes
ses formes de se manifester, parce qu'il trouverait un milieu
plus favorable à son éclosion et à son développement.
Quand l'humanité sera délivrée des soucis de la vie matérielle, elle s'élèvera de plus en plus vers la vie intellectuelle et contemplative. Et de plus en plus il lui faudra des
écrivains, des poètes, des artistes pour occuper son oisiveté,
charmer ses loisirs ; des savants, pour satisfaire son besoin
de connaître ; des inventeurs pour lui rendre la vie toujours
plus facile et plus belle. Et elle les favorisera, les honorera
d'autant plus qu'ils lui seront plus nécessaires. Ne travaillant plus pour l'argent, ils vivront pour l'idéal, ils
vivront pour leurs frères, qui leur paieront en hommages
et en gloire le prix des services rendus.

.*.

Ce n'est pas le fonctionnarisme qui est mauvais en soi,
mais le fonctionnarisme parasitaire, tel qu'il s'étale effron-
tément sous nos yeux, tel que nous le voyons se multiplier
d'une façon vraiment scandaleuse. Et nous comprenons
fort bien qu'un tel spectacle n'est pas fait pour amener à
nous les honnêtes gens qu'il écœure. Mais qu'ils se disent
que des fonctionnaires qui travaillent et qui produisent, il
n'y en aura jamais trop, et que ce qui disparaîtrait avec le
socialisme, c'est le fonctionnaire puant, paradant, plein de
mépris et de morgue pour ceux qui l'entretiennent.

* *

Et nous en arrivons à justifier ce mot qui, comme tous les mots bêtes, trouvant un écho dans l'universelle bêtise, jouit encore d'une fortune insensée : l'État-providence. Dans la pensée de celui qui le lança comme dans celle de ceux qui le recueillirent, — et c'est ainsi qu'il est bête, — il y avait plus qu'une critique à notre adresse : c'était le coup de massue, l'enterrement de nos idées par le ridicule. Le fait est que dans certains milieux, au seul mot de socialisme, vous entendez aussitôt avec accompagnement de ricanements railleurs et sonores : « Ah ! Ah ! l'État-providence. » Cela répond à tout. — Eh bien ! ce mot, nous le relevons et le prenons à notre compte. Oui, l'État-providence. Citez-moi donc une page d'histoire où un jour, une heure l'État ne fut point la providence de quelques-uns. Avant la Révolution il fut sans conteste la providence du clergé et de la noblesse. Depuis, les meilleures grâces de l'État sont allées à la bourgeoisie ; et parce que nous demandons aujourd'hui que l'État protège indistinctement tout le monde, nous voyons se lever contre nous et moines et gentilshommes, bourgeois et manants même.

* *

Mais chose vraiment extraordinaire, dans un temps où la presque universalité des Français se rue vers le fonctionnarisme, d'aucuns font une guerre sans merci au socialisme qui fonctionnariserait tout le monde. Et remarquez que ce ne sont pas les fonctionnaires, civils ou militaires, les moins ardents à l'attaque, les fonctionnaires qui, toujours besogneux, harcèlent sans cesse les pouvoirs publics de leurs doléances, pour obtenir des augmentations de traitement sur la misère des producteurs, — subissant en fait tous les inconvénients d'un socialisme bâtard pour des avantages dérisoires. C'est comme les fils de paysans qui, l'ayant désertée pour le fonctionnarisme, sont les plus empressés à se plaindre que la campagne manque de bras. Avouez qu'il y a là un singulier état d'esprit, et que ce serait en effet à désespérer de l'avenir, s'il n'y avait plus de foi à mettre dans l'instinct de conservation des masses, que dans l'intelligence et le cœur de la plupart de nos budgétivores, qui, il faut bien le dire à leur décharge, perdraient en grand nombre avec le socialisme toute leur raison d'être.

La réfutation des doctrines socialistes certes est facile, dès qu'on les montre dans leur incompatibilité avec le régime capitaliste, ou leur opposition avec les préjugés en cours ; et c'est ce que ne manquent pas de faire nos adversaires avec plus ou moins de sincérité, mais toujours avec succès devant des auditoires prévenus, ne connaissant qu'un socialisme dénaturé, tel que l'ignorance ou la mauvaise foi se plaît à le présenter à leurs yeux. On ne peut pas d'autre part toujours attendre, même des gens de bonne volonté, un effort intellectuel leur permettant de faire abstraction de tout ce qui existe, pour se placer par la pensée dans un milieu socialiste, dont le fonctionnement ne leur apparaît qu'entouré de ténèbres. D'ailleurs la grande masse des prolétaires socialistes n'y voit pas beaucoup plus clair. Mais plus directement atteints par l'ordre capitaliste, ils n'ont pas toujours besoin de bien comprendre pour être persuadés. Il y a dans leur cas beaucoup plus d'impatience de s'affranchir du mal présent et de confiance en les chefs socialistes que de véritable compréhension de leurs théories.

*
* *

C'est de la faillite de la société bourgeoise devant la réalisation des promesses de justice sociale, dont elle ne cesse de berner le peuple, qu'un jour ou l'autre sortira la victoire du parti socialiste. Mais trouvera-t-il les esprits suffisamment préparés à ce grand œuvre de rénovation sociale ? Sera-t-il lui-même à la hauteur de sa tâche ? Saura-t-il faire trève à ses divisions ? Pourra-t-il contenir les impatiences et modérer les ambitions ? Comprendra-t-il enfin que pour faire œuvre qui dure, il faudra révolutionner les cerveaux avant que les institutions ? Autant de questions auxquelles seul l'avenir répondra. Mais soit qu'il réussisse ou qu'il échoue, qu'il aille de l'avant ou sombre dans la réaction, à l'idée socialiste appartient l'avenir, parce qu'elle seule peut réaliser cet idéal de justice que tout cœur généreux porte en soi, et le rêve de bonheur que fait la mère attendrie sur la tête de l'enfant au berceau.

*
* *

Il se pourrait bien aussi qu'après avoir été à la peine, les militants socialistes ne fussent pas à l'honneur. Ce ne sont pas les vieux lutteurs pour la République qui l'ont administrée, gouvernée, mais ses adversaires de la veille. Le moment venu, des socialistes il en viendra de partout, comme naguère des républicains ; et rien ne serait moins étonnant que de voir la République sociale organisée par ses détracteurs d'à présent. Il ne tient en effet qu'à ces derniers que les choses soient ainsi : il leur suffit d'être bien inspirés. Qu'ils le soient donc, si par eux la Révolution peut s'accomplir exempte de souillures et de sang !

*
* *

Mais, quoi qu'il arrive, l'Idée socialiste, ô césariens, vous pourrez un temps l'abattre mais non la vaincre. Plus que vos baïonnettes, elle brille ; plus haut que vos clairons, elle sonne ; plus fort que vos tambours, elle bat, et plus que vos canons, elle tonne. Elle brille au soleil de l'Espérance, sonne le réveil des Peuples, bat le rappel de la Justice, et gronde en tempête au cœur de l'Humanité qui, battue par tant d'orages, aspire enfin aux délices du port.

CHAPITRE III

DU BONHEUR PAR LA VERTU. — LE BONHEUR UNIVERSEL :
EST-CE UNE UTOPIE? — L'ENFANT, PIVOT DE LA MORALE

Chacun sert en soi ce qu'il aime le mieux. Tous, quoique par des chemins différents, nous poursuivons la même fin : le Bonheur. Notre devoir est ce qui convient le mieux à cette fin.

.*.

L'homme aux passions ardentes trouve du plaisir à les satisfaire. Celui-là seul est heureux qui peut les diriger toujours.

.*.

Le bonheur qui nous vient des hommes et des choses est fragile. Seul celui que nous puisons en nous-mêmes, ô fortune, est à l'abri de tes coups.

.*.

Les gens les plus contents d'eux-mêmes seraient aussi les plus heureux, s'ils n'avaient si souvent l'occasion d'être mécontents des autres.

.*.

La vie est une science. Le meilleur, dit-on, est au commencement. Cela est vrai pour l'homme imprévoyant. Mais il n'est pas impossible à celui qui sait ordonner son existence, de faire en sorte que la meilleure part soit à la fin.

.˙.

La plupart des hommes passent leur vie à se flatter d'espérance qui ne se réalisent pas, et à se tourmenter de craintes chimériques. Le bien ou le mal qui nous arrive sont rarement ceux que nous avons prévus. Et pourtant l'*insouci* de l'avenir est le pire des fléaux. Dans la peine il nous prive de l'espérance, qui nous aide à supporter les malheurs présents ; dans la prospérité en éloignant de notre esprit les malheurs possibles, il nous laisse sans force contre l'adversité. — C'est en se forgeant des armes contre les maux imaginaires que contre les maux réels on se fait un cœur d'airain.

.˙.

Ce n'est pas tant la quantité des maux qui nous affligent, qui nous fait plus ou moins malheureux, que la faiblesse ou la force d'âme avec laquelle nous les supportons.

.˙.

Pour qui n'a pas cessé de bien mériter de lui-même et des autres, quelles que soient ses traverses, les choses finissent presque toujours par s'arranger, et même par tourner à son avantage. Et souvent l'on s'aperçoit qu'au bout du compte, on s'est ennuyé pour rien. Le méchant tombe dans l'infortune : il y reste.

.˙.

Il ne sert de rien de se tourmenter pour les maux qui nous arrivent. La patience et le calme qu'on met à les envisager sont souvent les meilleurs moyens d'en sortir.

.˙.

De nos joies naissent nos maux, et souvent de nos maux notre délivrance.

.·.

Le hasard fait souvent mieux les choses que notre prévoyance.

.·.

Rien n'est plus faux que de juger du bonheur d'un homme par sa réussite dans les affaires, alors que le bonheur dépend surtout du caractère. Combien portent ostensiblement le bonheur sur la face, dont le cœur est rongé par l'ennui !

.·.

Certains, par orgueil de paraître heureux, ont fait contracter à leurs lèvres une sorte de rictus qui, insolent dans la prospérité, devient hideux quand l'adversité les frappe.

.·.

Quand je vois un de ces hommes dont le bonheur se peint sur le visage, ça me fait plaisir. Je les observe, je les suis et j'attends... Il vient toujours un moment où ils me font pitié.

.·.

On voit d'autre part des gens qui semblent avoir tout ce qu'il faut pour être heureux, et qui ne le sont point. Cela tient principalement à deux causes : leurs propres imperfections et la misère publique, par laquelle ils sont incessamment menacés dans leur personne et dans leurs biens.

.·.

Tous les hommes sont donc intéressés à améliorer leur nature autant qu'il est en eux, et intéressés à la solution de ce grand problème social : l'extinction du paupérisme. Aussi n'est-il point de sacrifices qu'un égoïste intelligent ne soit disposé à faire pour atteindre un si grand résultat. Si, dans une certaine mesure, ses revenus s'en trouvent diminués, n'aura-t-il pas une large compensation dans plus de sécurité pour sa personne et ses biens, et dans la joie d'un sort meilleur fait à ses semblables ?

.·.

C'est la tranquille possession, non la grande quantité des biens, qui fait les hommes heureux.

.·.

Et pour tout dire enfin, qu'importera à un homme, s'il est homme de bien en même temps qu'égoïste intelligent, le sacrifice de toute sa fortune, s'il en doit résulter un état social qui, en le délivrant des soucis de la richesse, lui assure en dehors d'elle toutes les satisfactions auxquelles il peut légitimement prétendre ?

.·.

Or, que faut-il au bonheur de l'homme autre chose qu'une sage satisfaction de ses besoins naturels, développés, agrandis par la civilisation : besoin de se nourrir, besoin de se vêtir, besoin d'aimer, besoin de travailler, besoin de se distraire (1) ?

Or, pour les satisfaire, les trésors de la nature, fécondée par la science et embellie par l'art, sont inépuisables ; et quand nous saurons le vouloir, ils seront à la portée de tous.

(1) « Après le travail forcé des affaires, chacun suit son attrait « dans ses amusements : l'un chasse, l'autre boit ; celui là joue, « et moi qui n'ai aucun de ces goûts, je broche une pièce de « théâtre. » (Beaumarchais.) — Et moi, tel le botaniste, par monts et par vaux, s'en va enrichissant sans cesse sa collection de plantes nouvelles, au hasard de la découverte, — je collectionne, ceuillies un peu partout, au hasard de l'inspiration, des pensées, et mon herbier, c'est mon livre. (L'auteur.)

* *

Ils sont relativement heureux le père, le fils, le frère, l'ami qui voient le bonheur régner dans leur famille, dans celle de leurs amis. Si tous les hommes étaient heureux autour de nous, est-il douteux que nous serions heureux le plus possible (1) ? N'est-ce point le but que nous poursuivons tous, et pouvons-nous penser l'atteindre en dehors de l'harmonie universelle ?

Il serait puéril de nier qu'en l'état actuel des choses un homme ne puisse, à un moment donné, tirer avantage d'un acte malhonnête. Mais aussi qu'il vaille mieux pour lui de rester assez probe pour n'être pas entraîné à le commettre, ce n'est pas niable.

* *

Un financier, pour échapper à une ruine complète, passe à l'étranger avec l'argent de ses créanciers. Il est clair qu'en la circonstance il bénéficie de son crime. Mais voyez-le, après une vie sage et laborieuse, terminant sa carrière au milieu des biens, entouré de l'estime publique, et dites-moi si, telle eût été sa conduite, il n'eût pas mieux servi et ses intérêts et son bonheur. De mille exemples dont nous avons incessamment le spectacle sous les yeux, ressort la supériorité incontestable pour le bonheur de l'homme, du bien sur le mal, de la vertu sur le vice.

* *

Nous ne contesterons pas davantage que le méchant ne trouve du plaisir à faire le mal, l'homme vicieux à se plonger dans la débauche, l'avare à grossir ses trésors, car sans

_____

(1) J'entends « le plus possible », étant donnée notre propre imperfection.

plaisir, le feraient-ils? Mais ce que nous pensons pouvoir affirmer, c'est qu'ils ne sont pas heureux.

.˙.

D'ailleurs le seraient-ils, que nous ne verrions rien dans ce fait qui pût détourner les honnêtes gens de la vertu; car n'étant pas créés pour le mal, ils seraient inhabiles à le faire; ils en subiraient toutes les conséquences fâcheuses, sans en apprécier les plaisirs.

.˙.

D'autre part l'homme, comme tout animal, étant l'esclave de son organisation heureuse ou malheureuse, il serait contraire aux lois de la nature que tout le bien fût pour les uns, et tout le mal pour les autres.

.˙.

Enfin il n'est pas nécessaire, pour que nous préférions la vertu au vice, que l'homme de bien soit toujours heureux et le méchant toujours malheureux; mais il suffit que la chose arrive ordinairement; il suffit même que nous ayons quelques chances de plus d'être heureux en nous conduisant bien qu'en nous conduisant mal. Or, je ne pense pas qu'on ait jamais soutenu la thèse contraire.

.˙.

En somme les réelles satisfactions du méchant, comme celles de l'homme de cœur, sont pour l'un dans le mal, pour l'autre dans le bien qu'il fait; et à degré égal de méchanceté ou de générosité, je suppose qu'en lui-même le plaisir est égal. Mais il y a les conséquences, tout au désavantage du premier et à l'avantage du second.

.˙.

L'homme qui a des vices, naturels ou contractés, trouve

à les satisfaire un plaisir, qui n'a d'équivalent chez celui qui
en est exempt qu'une grande sérénité d'esprit et de cœur.
Mais la caractéristique du vice est qu'il est insatiable, jamais
assouvi, toujours plus exigeant, sans cesse à la recherche
de sensations nouvelles ; et les plaisirs qu'il donne, quand
il est satisfait, sont suffisamment expiés par les tourments
qu'il engendre pour les satisfaire, et les dégoûts qui l'es-
cortent. Et je ne parle pas des conséquences !

.·.

Un état social, où le méchant ne pourrait faire le mal,
l'homme vicieux contenter ses vices, mais qui donnerait
pleine satisfaction aux bons, — sacrifiât-il les premiers, —
n'en devrait pas moins être poursuivi sans relâche. Mais
les sacrifierait-il réellement ? Je ne le pense pas.

.·.

Du moment que vous n'accordez pas l'impunité au mal,
c'est assurément rendre service au méchant que de lui ôter
toute occasion, toute possibilité d'exercer sa méchanceté.
Mais même avec l'impunité, il n'est pas certain que l'homme
tourmenté par l'idée du mal à faire, et qui le fait impunément, soit plus heureux que celui qui, en étant tourmenté
d'abord, finit par y renoncer par impuissance comme par
volonté.

.·.

L'homme vicieux, qui satisfait aujourd'hui ses vices et
les voudra satisfaire demain, parce qu'il en a plus ou moins
la facilité, est-il plus heureux que celui qui par impossibilité de les satisfaire les contient d'abord, puis finit par s'en
rendre maître ? Je ne le crois pas. — Si même son vice le
poursuit malgré l'impossibilité de le satisfaire, j'estime
encore qu'il vaut mieux pour lui de souffrir de la non-sa-
tisfaction que de trouver à le satisfaire, à cause des conséquences, d'autant plus redoutables que son vice est plus
enraciné.

Observons que l'amour du mal, comme le goût du vice, s'exaspère par le milieu favorable, et nécessairement se calme ou s'apaise, quand l'esprit ne voit pas les moyens de le satisfaire. — Ajoutons enfin qu'il y a une école du vice comme de la vertu. L'école du vice ! nos yeux en sont éblouis, et nos cerveaux en sont pleins. La vertu ! par le catéchisme et la morale, on nous l'enseigne à un âge où nous n'en avons que faire ; et quand elle pourrait nous servir, au spectacle de ce qui se passe autour de nous, elle nous apparaît comme un bagage plutôt embarrassant. Et cependant le désordre s'ajoute au désordre, le mal au mal.

Ce n'est pas d'un ou de plusieurs actes de vertu que nous devons attendre le bonheur, mais de la pratique constante de la vertu.

Nous avons tous intérêt à pratiquer la vertu en raison des avantages que seule elle procure. Au premier rang je place l'estime de soi-même et la considération des autres hommes.

La vertu ! pour n'en point avoir, nous ne laissons pas de l'estimer chez les autres.

La vertu a ce privilège que plus nous nous élevons vers elle, plus elle a de charmes pour nous, et plus par une pente désormais naturelle, nous nous y sentons entraînés.

J'aime la vertu, parce qu'elle m'ennoblit, parce qu'elle m'élève, parce qu'elle me met au-dessus de ceux qui n'en ont pas ou qui en ont moins, et que j'éprouve du plaisir à sentir que je vaux mieux qu'eux.

.•.

J'aime encore la vertu, parce que c'est la meilleure des sauvegardes contre les maux de toute sorte que le vice entraîne après lui.

.•.

L'impeccable vertu est une force telle qu'on ne se console point de l'avoir perdue.

.•.

Nos fautes dans le passé, nous voudrions bien les bannir de notre existence, mais nous ne le pouvons pas. Comme une robe de Nessus elles s'attachent à notre personne, nous accompagnent dans la vie, empoisonnent nos succès; et c'est la tâche dévolue aux êtres déchus d'en secouer la poussière, de nous en éclabousser dans l'espoir de nous faire descendre à leur niveau. Et ce faisant, méprisables et méprisés, ils n'en sont pas moins les auxiliaires de l'immanente justice.

.•.

Les fils ne sont pas responsables des fautes de leurs parents ; mais lorsqu'ils en recueillent les avantages, c'est comme s'ils avaient participé à la faute.

.•.

Tel homme intelligent peut comprendre que pour atteindre au bonheur et souvent au succès, la ligne droite est la plus sûre, mais c'est en vain si sa nature est tortueuse.

.•.

Maintenant une vertu parfaite peut-elle nous donner un bonheur parfait? Non : de bonheur parfait il n'en est pas.

Dans quelque rang de la société où j'ai pu porter mes regards, je n'ai point trouvé un homme parfaitement heureux. L'histoire ne nous en fournit pas un exemple parmi tant d'hommes illustres, objets de l'envie de leurs contemporains. Mais il n'est pas niable que les plus heureux n'aient été les plus vertueux, ou que du moins leur vertu n'ait contribué à amoindrir leurs maux.

.* .

Le bonheur parfait n'existe pour personne, et il ne peut exister par la force de cette loi de la solidarité, qui régit individus et sociétés, et par laquelle les imperfections et les malheurs des uns se répercutent nécessairement sur les autres et sur le corps social tout entier. En sorte que chacun se trouve avoir à souffrir non seulement de ses propres imperfections, mais encore des imperfections de ses semblables, des imperfections de la société où il vit, des imperfections des Etats voisins, voire même des nations les plus reculées.

.* .

Les progrès de la civilisation nous mettant chaque jour davantage en contact avec les peuples barbares, nous ne pouvons nous désintéresser des conditions sociales, morales et d'hygiène dans lesquelles ils vivent. Et combien leur conquête serait facile et moins coûteuse, que de vies humaines épargnées, si au lieu du fer et du feu, nous leur apportions sans compter les productions de nos industries et de nos arts, et si émerveillés de nos dons, ils pouvaient voir en nous, au lieu d'exploiteurs et de conquérants, des libérateurs et des frères !

.* .

Ainsi prenez l'homme le mieux doué : eût-il en partage au plus haut degré la santé, la sagesse, l'esprit, la fortune, il lui sera impossible d'ordonner sa vie de manière à vivre parfaitement heureux dans une société imparfaite, composée d'êtres imparfaits. Les imperfections des autres remontent invinciblement jusqu'à nous, et nous ne pouvons pas n'en point souffrir.

.·.

Le châtiment, — sans doute immérité, — des gens qui ont du talent ou du génie, est de se voir chaque jour attaqués, discutés, vilipendés par la tourbe des méchants et des sots. — Pour être juste, reconnaissons aussi que cette tourbe, dès qu'elle se met à nous louer, cesse à nos yeux d'être sotte ou méchante. — Or c'est par ces attaques ou ces louanges, que se manifestent les liens de solidarité qui unissent aux esprits vulgaires les esprits d'élite. Et c'est ainsi que ces derniers sont intéressés à rendre la foule plus éclairée et plus heureuse, afin qu'étant moins méchante, ils aient moins à en souffrir.

.·.

Le bonheur parfait ne peut donc exister que dans une société parfaite, au milieu d'êtres parfaits. Bien fou parmi nous qui l'espère. Mais il est un bonheur relatif, auquel ne peuvent encore atteindre qu'un petit nombre d'hommes, et c'est la sagesse qui le donne.

.·.

Certains penseront peut-être que pour être heureux, il suffit assez souvent d'être un simple imbécile. — Mais le bonheur de ceux-là ne me semble point enviable, n'y eût-il que cette raison que la bêtise ne saurait engendrer une prospérité durable. — Qui n'en a rencontré de ces hommes, pétris de sottise et d'orgueil, de ces fous vaniteux étalant leur bonheur comme s'ils en avaient à revendre, jusqu'au jour inévitable où une catastrophe quelconque, — catastrophe que leur défaut d'intelligence ne pouvait leur laisser prévoir, — est venue anéantir ce bonheur qui les rendait si fiers ? Et comme ils n'ont pu soutenir la bonne fortune, impuissants à supporter la mauvaise, vous les voyez mendier des consolations à ceux-là mêmes qu'ils écrasaient naguère de leur prospérité. Mais ils ne trouvent plus personne pour les plaindre ; et devenus inutiles aux autres et à eux-mêmes, ils terminent dans la consomption et le désespoir, une vie commencée dans la joie et les fêtes.

**

Tandis que le sage, que la prospérité n'aveugle point, ne se trouve jamais désarmé contre l'infortune, parce qu'il l'a prévue ; et s'il n'y est pas insensible, elle ne saurait l'abattre.

**

Celui-là finit toujours par avoir raison de la mauvaise fortune, qui ne manque pour la combattre ni de sagesse ni de fermeté. — D'ailleurs la mort volontaire, — en fait la mort inévitable, — n'est-elle point là pour mettre un terme à nos maux ?

**

A-t-on assez disputé autour de la mort volontaire, pour savoir si c'est un acte de lâcheté ou de courage ! Je croirai mettre chacun d'accord en disant que le suicide peut être un acte de lâcheté devant la vie, mais qu'il est assurément un acte de courage devant la mort.

**

L'amour de vivre et la peur de mourir sont de pur instinct. — Et c'est en lui montrant le ciel, c'est-à-dire la continuation de la vie, que l'on pousse encore la bête humaine à s'entre-tuer. — Mais celui qui, en pleine possession de ses facultés mentales, s'arrache à l'existence pour ne pas déchoir, celui-là n'est point un lâche. Et ce n'est

point être abatt i pa. la mauvaise fortune, que de lui lancer
ce défi suprême : c'est la vaincre.

Est-ce à dire que l'Humanité dans son ensemble n'arrivera jamais à connaître ce parfait bonheur, vers lequel
s'élancent toutes ses aspirations ? Si, elle y arrivera certainement. L'homme en a l'idée ; il la poursuit incessamment ; et cette idée, qui ne peut se réaliser dans le ciel, —
le ciel n'existant pas, — trouvera sa réalisation sur la
terre. Mais quand ?

*
* *

— Lorsque tous les hommes, ayant une pleine connaissance de leur nature physique, intellectuelle et morale, et
comprenant leur véritable destination, s'uniront tous dans
un effort commun pour y parvenir.

*
* *

Si même il pouvait être établi, par l'exemple de ceux qui
ont tout et ne sont contents de rien, que l'humanité, voyant
toujours croître ses exigences et ses besoins, à mesure
qu'elle aurait plus de facilités pour les satisfaire, ne pourra
jamais être heureuse, — soumis à la loi du Progrès, nous
n'en serions pas moins invinciblement poussés à travailler
à la réalisation du bonheur entrevu, dût-il nous échapper
sans cesse.

*
* *

Mais l'exemple de ceux qui, ayant tout, ne sont contents
de rien, n'infirme nullement la théorie du bonheur de
l'homme possible ; car s'ils ne sont contents de rien, c'est
qu'ils ont abusé de tout ; et c'est justement le propre d'un
Etat bien organisé qu'il y ait pour tous l'usage possible,
mais non l'abus.

*
* *

L'Humanité encore en son enfance cherche sa voie. Les
agrégats qui la composent ont une tendance manifeste à se

chercher, à s'unir. Ils ont comme conscience que cette
union de tous en un seul corps peut seule leur donner la
force, la cohésion nécessaire pour combattre et vaincre
tous les éléments de souffrance et de misère, qui accablent
l'homme isolé. Plus la sociabilité s'étend, plus l'homme se
perfectionne; et quand enfin il aura trouvé sa voie, qui
donc encore pourrait assigner des limites au Progrès?

*
* *

Le Bien idéal est donc réalisable ici-bas. C'est la fin certaine de l'Humanité, dût-elle y employer des millions
d'années. C'est la conséquence naturelle, forcée du don
admirable de la perfectibilité propre à notre espèce qui,
de la condition la plus misérable, a progressivement élevé
l'homme au degré de supériorité et de bien-être dont il
jouit, sans que rien ait jamais pu l'arrêter dans sa marche
ascendante vers le Bien.

*
* *

La perfectibilité de l'homme dans le passé nous est un
sûr garant de sa perfectibilité dans l'avenir. Mais la perfection de l'individu a pour conséquence et pour cause le perfectionnement de la société où il vit. Quant aux moyens
pour ouvrir à la réalisation de cette double perfection des
voies sûres et rapides, ne les cherchez pas ailleurs que
dans les principes de la morale *égoïste et solidaire*.

*
* *

La maladie elle-même, qui est une des principales
sources de mal parmi les hommes, est appelée à disparaître, comme tous les autres maux de l'humanité, avec
les progrès incessants de la médecine et le développement
de la moralité, — ou du moins à n'être qu'un accident de
notre existence de plus en plus rare.

*
* *

Il n'est pas jusqu'aux maladies de l'âme, dont il serait

téméraire de prédire que l'humanité est condamnée à en porter éternellement le poids. L'action physique se répercute sur notre être intellectuel et moral, au point qu'en modifiant l'état de notre corps, nous nous faisons pour ainsi dire une âme nouvelle. — Est-il bien sûr qu'il y ait un exemple d'esprit malade dans un corps parfaitement sain ?

***

Ce qui est vrai, c'est que tout désordre moral engendre un désordre physique ; mais en rendant au corps son équilibre, on rend à l'âme sa sérénité. Or nul ne peut sérieusement prétendre que dans l'art de guérir et les corps et les âmes, la médecine et l'hygiène aient dit leur dernier mot. En vérité nous avons assisté, seulement depuis un siècle, à l'éclosion de trop de merveilles, pour que nous puissions de parti pris nous refuser à croire à la possibilité d'aucune merveille.

***

Mais dans la vie des individus, comme dans celle des peuples, rien n'est durable de ce qui se fonde sur l'injustice. Ou plus l'impunité est longue, plus est terrible le châtiment. — Nos crimes, nos intempérances, nos faiblesses, jusqu'à nos moindres fautes, tôt ou tard nous les expions, comme nous souffrons de nos plus petites imperfections ; ou c'est le faisceau de nos fautes impunies qui témoigne contre nous pour des crimes imaginaires. Et la voilà bien la *Loi morale,* la loi qui nous gouverne, la loi qui nous régit. Elle n'est point dans nos cœurs, mais dans les choses.

***

L'iniquité des autres nous fait souvent expier nos vertus mêmes. Ainsi le veut la loi de la *Solidarité ;* et nous ne saurions pourtant nous plaindre de rien, sinon de n'être point nés au temps où les hommes seront parfaits, car ces deux lois sont les conditions nécessaires du perfectionnement de l'espèce : la *Loi morale* dans les choses, en nous intéressant à nous perfectionner nous-mêmes, et la loi de la *Solidarité* dans les êtres, à perfectionner les autres.

.•.

Et c'est quand les hommes auront bien pris conscience de ces deux lois, que de leur union, de leur fusion se dégagera la *grande Loi morale*, que j'appellerai la *Loi supérieure* de l'Humanité, et qui m'apparaît comme devant être la plus belle conquête de l'esprit humain et la suprême victoire de l'homme sur lui-même.

.•.

On peut-dire que, de tout temps, les peuples dans leur ensemble ont eu le bonheur de leur moralité. Une moralité parfaite dans tous les peuples donnera le bonheur parfait.

Le monde est plein de gens qui clament contre l'injustice. D'où vient donc que tant de cris qui s'élèvent contre elle la laissent calme et sereine poursuivre son œuvre de misère et de haine? C'est que l'humanité n'a pas encore pris conscience de cette force sociale : la Solidarité. C'est que chacun de nous ne se plaint que de l'injustice qui le frappe. Nous n'avons d'yeux ni d'oreilles pour les injustices qui passent à côté de nous. Et si d'aventure elle nous sert, — momentanément l'injustice profite toujours à quelqu'un, — nous l'estimons de bonne prise.

.•.

Il en est même qui s'accommodent fort bien de l'injustice, attendant toujours qu'elle leur profite.

.•.

Quand donc comprendrons-nous l'intérêt qu'il y a pour

chacun à prendre en toute occurrence en main la cause de
la justice, afin que, protégeant également tout le monde,
l'injustice ne puisse plus atteindre personne ?

.·.

La justice ! parce que chacun la veut pour soi et non
pour tous, personne ne l'a, et c'est justice.

.·.

Le mal qui lui vient des méchants est la rançon du bonheur du juste.

.·.

Que les justes souffrent pour la justice, rien n'est plus
juste. Car sans eux qui souffrirait pour elle, et quand as-
sisterions-nous au spectacle de l'iniquité vaincue ? Et puisqu'enfin dans nos sociétés bâtardes, les lois de la solidarité méconnues veulent que tous les plaisirs s'achètent,
même la joie d'être juste, si la justice est vaincue, quel
juste se plaindra d'avoir souffert pour elle ? Mais si, par
vos efforts, elle a triomphé, ô justes, soyez cléments aux
méchants ; car comment l'auraient-ils défendue, aimée ?
ils ne la connaissaient pas.

.·.

Ne leur devez-vous pas aussi quelque chose pour la joie
infinie dont, au jour de la victoire, vos cœurs sont remplis, et qu'ils ne connaîtront jamais ? — Leur haine même
de la justice leur est amère. — Mais le sort des méchants
doit être soumis à cette loi de l'humanité qui progresse :
combattre et détruire tout ce qui est source de mensonge,
source d'iniquité.

.·.

C'est donc au juste, loin de s'absorber en un stérile
contentement de soi-même, à agir sans cesse pour faire

pénétrer la justice dans les institutions et les mœurs, afin de ne laisser aucune prise aux méchants. Et le juste serait alors d'être doux aux méchants pour les rendre meilleurs et plus heureux.

* *

Alors sera bien près de régner dans notre univers cet âge d'or, que les anciens avaient contre toute raison placé au commencement du monde, au lieu qu'il ne peut être que le fruit d'une lente conquête, d'un labeur persévérant, comme le couronnement d'une œuvre, à laquelle l'humanité tout entière aura travaillé pendant des millions de générations.

* *

Mais, m'objectera-t-on, en supposant que l'homme réussisse un jour à se constituer une société, d'où il aura su exclure toutes les causes du mal qui actuellement tourmentent son existence, pourra-t-il s'empêcher de mourir? et le souci de la mort, qui peut n'être rien pour les malheureux, ne sera-t-il point pour lui d'autant plus cuisant qu'il aura plus de raisons de s'attacher à la vie, et le mal qu'il en ressentira ne suffira-t-il pas à lui gâter toute sa joie de vivre?

* *

Je pourrais me contenter de répondre que la mort par elle-même n'est point un mal. Car tant que nous vivons, elle ne nous est rien; et quand nous ne serons plus, qui de nous s'en plaindra?

* *

Mais il reste la crainte de la mort. — Eh bien! quels que soient vos doutes, vos croyances, voulez-vous que la peur de la mort n'ait aucun empire sur votre âme? Jeune homme! regardez devant vous. Oubliez le présent pour ne songer qu'à l'avenir. Homme fait! agissez si bien que vous

vous créiez pour votre vieillesse une ample moisson de doux souvenirs, et qu'alors, tout entier à ces sereines visions du passé, vous puissiez, les yeux fermés, marcher vers l'inconnu.,

*
* *

J'ajouterai que, pour l'homme qui va mourir, il y a quelque chose de plus poignant que la perte de son être, c'est le souci de l'avenir pour les êtres qui lui sont chers. Mais supprimez cette angoisse, la mort n'est plus cruelle que pour l'égoïste qui n'a vécu que pour lui, et c'est son châtiment.

*
* *

Or dans la société, telle que nous la rêvons, ce souci n'aura plus sa raison d'être ; et alors pour le sage, la mort ne sera plus qu'une conséquence de la vie, le néant qui la suit, si néant il y a, n'ayant rien de plus terrible que celui qui précède la naissance.

*
* *

Et quant aux affres mêmes de la mort, ne suffirait-il pas le plus souvent d'un peu de chloroforme ou de quelques piqûres de morphine pour nous les épargner, voire même pour changer l'agonie la plus cruelle en une divine extase ?

*
* *

Observons encore que le passage de la vie à la mort ne dure qu'un instant, et que, dans la pluralité des cas, nous ne sommes pas encore morts que dès longtemps déjà nous n'avons plus conscience de vivre, — ou que d'un coup la mort nous fauche.

*
* *

Il nous reste à résoudre cette objection du mal qui nous vient de la mort des personnes aimées. — Quand l'homme ne craindra plus la mort pour lui-même, il cessera de la regarder comme un mal chez les autres. On ne plaindra pas les morts. A quoi bon? Déjà maintenant ce que nous pleurons dans les morts, — La Rochefoucauld l'a dit avant nous, — c'est le vide qu'ils font dans notre existence; c'est sur nous-mêmes que nous pleurons. Il y a là un sentiment d'égoïsme sans utilité et sans grandeur; et je me sens, pour mon compte, bien près de l'admiration pour l'homme qui a su en dégager son esprit et son cœur.

*
* *

Et remarquez que cette sorte d'ataraxie, en présence d'un fait brutal comme la mort, n'infirme en rien le culte des disparus. — Nos parents, nos amis, tous ceux que nous avons aimés, nous avons leurs portraits dans nos demeures ; nous savons leur place au cimetière; ils habitent avec nous au plus profond de notre être. Nous n'avons conservé d'eux que le souvenir de ce qui nous les faisait aimer; et il y a comme un charme touchant à nous entretenir d'eux, à nous rappeler leurs vertus.

*
* *

Il y a quelque douceur à pleurer les morts qui furent bons. Il n'y a qu'amertume à vivre avec les méchants.

*
* *

Plus de soin à rendre heureux les vivants, et moins de larmes inutiles sur la froide pierre des tombeaux.

*
* *

Appliquons-nous au moins à nous défaire de cette sensibilité niaise, qui obscurcit le jugement, nuit à celui qui l'exerce et ne sert à personne.

C'est surtout en amour que l'homme doit s'exercer à armer sa constance.

L'amour qui devrait faire le charme de la vie, l'homme a si bien su le comprendre et l'organiser qu'il est la source de nos tourments les plus cruels.

J'ai juste assez connu et l'amour et les femmes pour être assuré qu'il n'y a point d'amant heureux. Ou si, heureux, certains le sont un temps, c'est qu'ils vivent sous le charme d'illusions qui se dissiperont cruelles.

Pour être heureux en amour, il faut aimer, et dès qu'on aime, on est malheureux.

Pour bien aimer, il faut aimer peu, et c'est en l'épargnant que le feu s'entretient.

Il faut aimer les femmes comme elles valent d'être aimées, et comme elles veulent qu'on les aime.

A demander aux femmes des qualités, des vertus qu'elles n'ont point, qu'elles ne peuvent pas avoir, nous tissons de nos propres mains le linceul où s'enseveliront nos déceptions et nos larmes.

Si les hommes ont été assez mal inspirés pour placer leur honneur dans un être aussi fragile qu'est la femme, à qui la faute? et pourquoi lui en faire porter la peine?

*
* *

L'amour doit être ramené à un plaisir et un besoin. Et alors pour un esprit bien équilibré, la jalousie n'est plus qu'un piment exquis de l'amour.

*
* *

Les délices d'un amour ardent et partagé, lorsqu'elles se prolongent, sont expiées par le rachitisme des enfants et la mort par consomption de l'amant le plus faible.

*
* *

Il n'est pas rare de voir deux êtres difformes, que leur laideur réciproque attire peu l'un vers l'autre, donner le jour à des enfants robustes et bien faits.

*
* *

La femme est impatiente du joug et n'aime que qui la domine. Mais que l'homme se garde d'abuser de son pouvoir : sans cesser de l'aimer la femme le trompera.

*
* *

L'amour partagé est de tous les joyaux le plus fragile. D'un rien il se brise, un rien le raccommode. Mais quand il a une fois perdu son primitif éclat, il ne retrouve plus jamais sa pureté première. Et de raccommodage en raccommodage, il finit par tomber au musée des Antiques.

*
* *

Il faut conserver de l'amour tout ce qui en fait le charme, et en bannir les fruits pourris ou amers ; il faut l'amour également éloigné de la bestialité primitive et des raffinements de la corruption, et pour cela organiser la chaste liberté des amours.

*
* *

En amour notre force nous vient de la faiblesse de nos passions ; et c'est en purifiant l'esprit que s'épureront les mœurs.

*
* *

Telles quelles les jolies femmes sont fort courues. Que serait-ce donc si l'on était assuré de les avoir toujours aimantes et fidèles !

*
* *

La jalousie en amour provient d'un instinct purement animal, contre lequel la raison proteste.

*
* *

Si vous jugez indigne la femme qui vous trompe, pourquoi l'aimez-vous ? Et si vous l'aimez indigne, qui d'elle ou de vous a le beau rôle ? Je comprends alors que vous lui fassiez horreur, et qu'elle ne veuille point se laisser aimer par qui la méprise et se rend en l'aimant soi-même méprisable.

*
* *

Outrager la femme et se traîner à ses pieds, singulier tableau pour relever à ses yeux la dignité de l'homme.

*
* *

Ce n'est pas de l'amour qu'on peut dire qu'il s'entretient par la pitié. Quand la femme n'a plus pour vous que de la pitié, votre règne est fini. Vous pouvez en vous retirant éviter le désastre.

*
* *

La femme cesse de nous aimer le jour où elle acquiert la

conviction que nous sommes définitivement conquis. Faisons en sorte qu'elle n'ait jamais cette conviction. — Il n'est pas impossible qu'elle se reprenne à aimer dès qu'elle l'a perdue.

*
* *

Mais la femme en général a plus de dignité que l'homme. Il est bien rare qu'elle continue à aimer quand elle a cessé d'estimer, tandis que bien des hommes réservent leurs meilleures grâces aux femmes qu'ils méprisent.

*
* *

L'homme part souvent sans amour à la conquête de la femme. Et de sa victoire naît sa défaite : il s'aperçoit vraiment qu'il aime quand il ne se sent plus aimé. Ou s'il veut se délivrer de sa conquête, elle s'attache à lui. — Du côté de l'homme comme du côté de la femme, c'est partout l'amour qui prétend s'imposer à l'amour, et plus on s'impose, plus on est détesté.

*
* *

J'ai aimé le moins possible les femmes que j'ai aimées ; je me suis dévoué pour elles le plus possible ; elles m'ont aimé le plus longtemps possible. J'ai souffert pour elles mais non par elles.

L'être humain, tel que l'a fait la nature, et encore jusqu'ici la civilisation, aime à voir souffrir son semblable, au point qu'au fond de soi on en veut à l'homme qui sait surmonter sa douleur. Il semble qu'il nous vole en nous privant du spectacle de son abattement ou de ses larmes. Et si nous avons le sentiment qu'il ne souffre pas là où nous souffririons à sa place, au lieu de reconnaître simplement notre infériorité, si nous n'avons rien d'autre à nous prendre, nous l'accusons de n'avoir point de cœur. Fût-il victime de la plus criante injustice, il ne nous intéresse pas. Nous nous apitoyons sur le sort du misérable qui gémit sa plainte. Nous sommes sans pitié pour le juste qui ne crie pas sa douleur ou qui la vainc.

*
* *

On se désintéresse de l'homme qui a faim. On ne commence à s'apitoyer que lorsque l'inanition le couche sur le pavé. Nous sommes alors étonnants de sensibilité.

*
* *

Lorsque le cœur ne sert qu'à gémir sur ses maux ou ceux des autres, sans profit pour personne, mieux vaut n'en point avoir.

*
* *

La douleur est inféconde. Pour agir il faut qu'on s'en délivre ; et c'est quand elle est passée qu'on la peint.

*
* *

L'émotion est douce, l'indignation réconforte : elles sont fécondes. La douleur, c'est le néant.

*
* *

Il n'est pas de douleur qui résiste à la santé, comme il n'est point de joie complète et durable sans un bon estomac.

*
* *

Les êtres maladifs, le moindre mal les abat, parce qu'ils ne mangent pas.

*
* *

Quand la bête est repue, l'esprit est satisfait et le cœur est content.

*
* *

Il ne s'agit pas de développer la sensibilité pour nous

faire souffrir, mais l'amour du Devoir pour nous rendre forts et heureux.

***

Les cœurs les plus haut placés sont les moins accessibles à la douleur morale.

***

La douleur morale procède d'un principe morbide qui, dans les sujets bien constitués, ne résisterait pas à une forte éducation, puisque les mères lacédémoniennes et plus tard les stoïciens s'en étaient délivrés.

***

L'homme vit pour le bonheur : c'est *l'épicurisme ;* mais c'est la force d'âme qui le donne, voilà le *stoïcisme.* Et c'est par le mélange, je dirai la juxtaposition de ces deux grandes doctrines de l'antiquité qui, loin de se contredire, se complètent, que s'établira la morale définitive, avec pour principe et pour fin le *Devoir désintéressé.*

***

Ainsi de la bête humaine, attentive à son seul intérêt et par là toujours misérable, par une lente évolution, son égoïsme se transformant avec sa raison plus éclairée, — tel l'insecte de sa chrysalide, — sortira l'homme parfait, attentif au bien de tous, assuré qu'il y trouvera le sien.

***

Nous aussi nous avons donc la foi qui ennoblit ; nous aussi nous avons un idéal ; mais ce n'est point une foi vague, éthérée, un idéal extra-terrestre, qu'a forgé une capricieuse imagination, bien que pour s'élever jusqu'à lui il demande un grand cœur, accessible aux nobles enthousiasmes. Non ; notre foi, notre idéal sont humains, comme notre morale est humaine : *c'est la foi en la Per-*

fectibilité de l'homme ; notre idéal, c'est le bonheur de l'Humanité. Et c'est à les partager avec nous que nous convions tous ceux, — et ils sont légion, — qui ont jusqu'à ce jour ressenti dans leur cœur un vide, que n'ont pu combler ces théories aussi creuses que savantes et qui ne reposent sur rien, ces théories dont on remplit des livres et qui ne convainquent personne, à commencer par ceux qui les répandent et par ceux qui les enseignent, — auxquelles enfin il ne manque vraiment, pour s'élever jusqu'au ciel où elles aspirent, qu'un point d'appui d'abord, et ensuite que le ciel ne soit pas qu'une fiction sublime.

Après cela si l'on m'objecte que le souci du parfait bonheur à une échéance aussi éloignée doit fort peu troubler la quiétude de l'égoïste même le plus intelligent, je répondrai que les liens de la solidarité n'unissent pas seulement entre eux les hommes d'un même âge, mais encore qu'une chaîne indissoluble, — en dehors même des lois de l'hérédité qui font de chacun de nous un composé, plus ou moins heureux ou malheureux, des qualités de sa race, — nous rattache aux générations du passé comme à celles de l'avenir : aux générations du passé, par l'héritage qu'elles nous ont légué de leurs conquêtes dans le domaine de l'esprit et de la matière ; aux générations de l'avenir, par le désir toujours grandissant chez l'homme, à mesure que sa moralité s'élève, de faire à sa descendance un sort meilleur que le sien. — La brute procrée sans souci de sa progéniture. Mais l'homme moral, quand il a donné la vie, se préoccupe d'assurer à ses enfants une condition heureuse. Or, comment y réussirait-il mieux qu'en travaillant, dans la mesure de ses forces, à améliorer la société où ils seront appelés à vivre? Nous nous sentons donc tous intéressés, au moins par l'amour paternel, et fussions-nous assurés de n'en pas jouir nous-mêmes, à apporter notre pierre à la confection de cet immense édifice, toujours grandissant et jamais achevé, qu'on peut appeler l'établissement du bonheur universel. Nos enfants continueront notre œuvre par le même mobile intéressé ; et c'est sans discontinuer que chaque génération contribuera à cette œuvre commune de toutes les générations passées et futures : *l'union, l'amour et le bonheur dans la fraternité humaine.*

*⁎
⁎ ⁎*

« Cette pensée serait vraie : 1° si tous les hommes se « mariaient ; 2° s'ils avaient tous des enfants ; 3° s'ils « étaient tous assurés que leur génération ne doit pas « s'éteindre au bout d'un certain temps ; 4° s'il leur était « démontré que l'intérêt de leur famille n'est pas dans la « conservation de certains privilèges (comme les titres de « noblesse, la fortune, etc.), plutôt que dans l'amélioration « de la masse sociale ; 5° enfin si un franc égoïste devait « se préoccuper outre mesure de ceux qui viendront après « lui, eussent-ils quelques gouttes de son sang dans les « veines. Après moi le déluge, c'est la maxime de l'égoïste « conséquent. »

*⁎
⁎ ⁎*

Telle est la critique qui nous a été faite de la pensée précédente par un moraliste éminent, à qui nous l'avons communiquée, et qui a bien voulu encourager nos efforts. Nous ne croyons pas manquer au sentiment des convenances, non plus qu'au devoir de la reconnaissance, en examinant ici la valeur de cette objection.

*⁎
⁎ ⁎*

« 1° Si tous les hommes se mariaient ; 2° s'ils avaient tous des enfants. » — Il n'est pas nécessaire, pour que le progrès s'accomplisse dans le sens et de la manière que nous l'entendons, que tous les hommes se marient. Il

suffit que le plus grand nombre le fasse et s'y sente inté·
ressé. Pour la même raison il n'est pas indispensable qu'ils
aient tous des enfants. De plus si tous les hommes ne se
marient pas, c'est moins par éloignement du mariage en
lui-même que par les charges qu'il crée, au moins chez les
peu fortunés. Quant aux riches, si la misère du peuple
leur fournissait moins de chair à plaisir, ils se marieraient
tous. On peut dire que la grande masse est intéressée à
créer telles conditions de vie où le mariage soit possible
pour tous, — demandez plutôt à ceux qui ont des filles à
marier, — et où nul n'ait intérêt à s'y soustraire. — Pour les
ménages sans enfants, combien y en a-t-il qui n'éprouvent
le besoin de se donner des enfants d'adoption ! Ainsi les
deux objections tombent.

« 3° S'ils étaient tous assurés que leur génération ne
doit pas s'éteindre au bout d'un certain temps. » — Mais
encore ici cette condition n'est pas nécessaire. Il suffit
qu'un homme ait des enfants, voire même des êtres jeunes
auxquels il s'intéresse, pour qu'il éprouve le désir de voir
s'améliorer la société où ils seront appelés à vivre, et pour
qu'il y travaille dans la mesure de ce désir.

« 4° S'il leur était démontré que l'intérêt de leur famille
« n'est pas dans la conservation de certains privilèges plu-
« tôt que dans l'amélioration de la masse sociale. » —
Mais cette démonstration nous l'avons faite. Elle constitue
même la partie la plus importante de notre système. Certes
nous n'avons pas la prétention de les convaincre tous.
Comment convaincre qui ne veut pas être convaincu ? Mais
heureusement il n'est pas nécessaire qu'ils le soient tous. Il
suffit encore ici de persuader cette masse sociale, qui est le
nombre et qui détient le droit et la force. Or persuadée,

comment ne le deviendrait-elle point, n'ayant nuls privilèges à sauvegarder, mais ayant au contraire à s'en défendre?

.·.

« 5° Enfin si un franc égoïste devait se préoccuper
« outre mesure de ceux qui viendront après lui, eussent-
« ils quelques gouttes de son sang dans les veines : après
« moi le déluge, c'est la maxime de l'égoïste conséquent. »
— Pour résoudre cette objection, supposons un instant que
je sois moi-même ce « franc égoïste ». Me préoccupé-je
outre mesure de ceux qui viendront après moi? Non, je le
confesse. Mais j'ai des enfants qui me sont chers, des
enfants dont la tendresse m'est précieuse, des enfants sur
lesquels je compte pour embellir mes dernières années,
comme leurs premiers ans ont apporté à mon foyer la joie
et l'espérance. Or ne suis-je pas en droit de compter sur
leur affection et leur dévouement dans l'avenir, en raison
qu'ils m'auront vu plus empressé à remplir tous mes devoirs
envers eux ? Mais le premier de mes devoirs n'est-il
point de travailler à leur bonheur, et la morale que je
professe ne m'enseigne-t-elle point que le bien de l'individu
croît en raison de celui de la race tout entière ? — Si
même je n'avais pas d'enfants, et quelle que fût ma fortune,
tout franc égoïste que je me reconnaisse, je ne laisserais
pas de défendre les droits de tous au bien-être, d'abord
parce que je trouverais du plaisir à remplir ainsi mon
devoir d'homme, et qu'ensuite assurer le pain à tout le
monde est encore le plus sûr moyen pour chacun de n'être
point exposé à en manquer (1).

.·.

« Après moi le déluge, c'est la maxime de l'égoïste conséquent. » — Oui, de l'égoïste qui ne sait pas s'aimer ; mais

(1) Lire l'intéressante brochure de M. Jules Lermina : *Ventre et Cerveau.*

je prétends bien que l'égoïste intelligent, l'homme qui
s'aime noblement, saura puiser en lui-même, comme à
une source toujours vivace, une suite ininterrompue de
douces satisfactions et de plaisirs purs, pourvu qu'il vive
avec cette pensée éminemment consolatrice que, lui mort,
il léguera à ses enfants un nom honoré par les vertus de
leur père, et à la postérité un bel exemple à suivre.

.˙.

C'est qu'en effet l'homme, le libre-penseur comme le
croyant, jouit de ce singulier privilège de s'aimer de son
vivant jusqu'au delà du tombeau. Il semble que notre vie
soit trop courte pour épuiser cet amour de nous-mêmes et
des êtres et des choses que nous affectionnons. L'homme
d'Etat, l'homme de guerre se préoccupent de la place qu'ils
tiendront dans l'histoire ; l'écrivain, l'artiste de l'avenir de
leurs œuvres ; le collectionneur, l'avare du sort réservé à
leurs trésors si péniblement amassés. Le grand seigneur
s'inquiète de ce qu'il adviendra de la gloire de son nom
et de l'honneur de sa race. Le paysan voit ses derniers ans
assombris par la pensée que ses enfants vendront un jour
le champ qu'il a hérité de ses aïeux ou qu'il a acquis de ses
sueurs. Et par-dessus tout, c'est pour le chef de famille
sans fortune une angoisse de tous les jours, que de songer
à l'avenir des siens, s'il vient à leur manquer. Les riches
mêmes ne sont pas exempts de cette inquiétude de l'avenir
pour leur postérité ; car outre qu'ils ne sont pas certains
eux-mêmes de conserver leur fortune toute leur vie, ils le
sont bien moins encore qu'elle ne sera pas gaspillée par
leurs enfants. Et ainsi, au lieu du bonheur que dans leur
amour aveugle ils pensent leur assurer par elle, ils peuvent
leur préparer le pire destin. Qui ne sent donc qu'il y a
dans cet amour d'outre-tombe une force, jusqu'ici laissée
dans l'ombre, mais qui, mise en lumière, pourrait jouer un
rôle actif dans l'éducation, en montrant à l'homme que le

bonheur des générations à venir intéresse son bonheur présent.

.*.

Cet amour est si réel qu'il y a peu d'hommes qui ne s'inquiètent du sort réservé à leur cadavre ainsi que des honneurs qui lui seront rendus. Et s'il en est qui n'ont nul souci de leur « guenille », ce sont ceux-là mêmes qui ont le plus à cœur de laisser un bon souvenir à ceux qu'ils ont connus, aimés.

.*.

Plus encore ! il est tel que si nos mœurs permettaient à chacun, — et ce devrait être un droit et un devoir, — de venir sur la tombe du mort lui rendre solennellement hommage des services qu'il a rendus, comme lui demander compte du mal qu'il a fait, il y aurait dans cette sanction suprême un encouragement au bien plus efficace que les croix et les galons, qui ne prouvent rien, et contre la malhonnêteté un frein plus puissant que la conscience toujours accommodante et les lois souvent désarmées.

.*.

N'est-ce point aussi cet amour qui a donné naissance à la fiction de l'immortalité ?

Que d'esprits sceptiques auront déjà fait sourire de pitié ces seuls mots : bonheur parfait, bonheur universel. Et ne les entendez-vous point qui crient à l'*Utopie* ?

.*.

— Utopie, dites-vous ? S'il est vrai que l'humanité marche incessamment dans une voie d'amélioration et de perfectionnement, — et s'il faut entendre par ce mot bien social éternellement irréalisable, — au point de vue absolu il n'y a point d'utopie. Et il n'est point de conception si optimiste qu'elle ne puisse être dépassée par la réalité.

\.\.

Mais le progrès du lendemain n'est-il point toujours pour un grand nombre l'utopie de la veille ? Et combien de réformes sociales accomplies depuis un siècle, eussent paru aux penseurs les plus hardis de l'antiquité des utopies à jamais irréalisables !

\.\.

Il n'y a que des utopies dans le temps (1), c'est-à-dire que telles institutions, conçues par un penseur plus avancé que son siècle, et justement jugées impraticables par l'élite même de ses contemporains, peuvent cesser de l'être soit un peu, soit beaucoup plus tard. Le seul tort de certains utopistes de notre époque, c'est de vouloir immédiatement pour la nation des réformes pour lesquelles elle n'est pas mûre, parce qu'elle n'en comprend pas l'efficacité. Mais leurs idées, dans ce qu'elles ont de réellement pratique et sage, ne sont pas perdues, et leur jour viendra.

\.\.

Vouloir le bien du plus grand nombre malgré le plus grand nombre, voilà l'utopie. Mais lorsque le plus grand nombre comprendra son plus grand bien et le voudra, rien ne pourra s'opposer à sa réalisation. J'ajouterai que là où

(1) L'anarchie est une de ces utopies. L'anarchie ne se décrète pas, elle ne s'impose pas. Mais à mesure que les institutions et les hommes iront se perfectionnant, le vaste système de nos lois répressives et compressives ira se simplifiant, jusqu'au jour où, dans l'humanité enfin régénérée, la crainte de l'opinion constituera un frein suffisant à ce qui restera encore de mauvaises passions au cœur de l'homme. Et alors sous l'effondrement des lois devenues inutiles, d'elle-même s'épanouira l'anarchie. Le socialisme, dans ses évolutions successives, constitue les étapes nécessaires ; l'anarchie l'idéal à atteindre. — L'état anarchique nous apparaît en effet comme le dernier degré de l'échelle du Progrès. L'anarchiste actuel est comme un fruit trop précoce séché sur l'arbre avant sa maturité.

règne la liberté politique avec le suffrage universel, devrait être close l'ère des révolutions sanglantes.

.*.

Non point que nous professions pour l'institution du suffrage universel une admiration sans réserve. Et combien nous aimerions mieux voir partir d'en haut l'essor du grand mouvement d'émancipation sociale qui se prépare, et qui fera sortir les masses populaires de l'état de sujétion, d'avilissement et de misère où nous les voyons encore plongées ! Que d'ébranlements, de secousses, et qui sait, de violences et de sang seraient ainsi épargnés !

.*.

Mais puisque l'histoire du passé, non plus que celle du présent, témoigne que les classes au pouvoir l'exercent toujours dans le sens des intérêts restreints qu'elles représentent, il est bien évident que le prolétariat ne peut attendre que de son propre effort, l'affranchissement auquel il a droit, et qui, en l'élevant intellectuellement et moralement, le rendra vraiment digne alors de la puissance souveraine, qu'à bien des esprits généreux actuellement il paraît usurper.

.*.

Il y a aussi des gens qui voient l'utopie dans tout ce qui échappe à leur conception. N'ayant pas assez d'intelligence pour s'apercevoir qu'ils en manquent, ou même pour se dire que ce qu'ils ne voient pas, d'autres peuvent le voir, ils ne comprennent pas, et ils raillent.

.*.

Je me hasarderai pourtant à leur dire, avec la certitude de n'être point entendu : « Peut-être n'est-ce pas parce que c'est une utopie qu'une réforme vous paraît telle, mais parce que la médiocrité de votre esprit ou l'imperfection de votre nature morale vous empêchent d'en concevoir comme possible la réalisation. »

.˙.

N'est-il pas remarquable que tous les grands esprits ont plus ou moins versé dans l'utopie, et que ce sont justement les petits esprits qui s'en moquent !

.˙.

Sophisme ! Utopie ! Paradoxe ! telle est bien dans la discussion la monnaie courante des gens qui, incapables de penser par eux-mêmes ou n'appréciant que les idées à leur portée, se croient néanmoins en possession de l'ultime sagesse.

.˙.

Pour moi je sens fort bien que s'il m'avait été donné de naître dans une société parfaitement organisée, et de vivre dans un milieu d'hommes, à qui je n'aurais certes pas demandé une perfection qui me manque, mais seulement d'avoir pour mes imperfections le sentiment d'indulgence, dont je ne me suis jamais départi à l'égard de personne, j'aurais pu être pleinement heureux.

.˙.

Et par société bien organisée, j'entends un état social, où tout être venant au monde trouverait un milieu favorable au plein développement de ses facultés physiques, intellectuelles, artistiques et morales, et plus tard l'emploi normal de ses facultés acquises pour le bien général.

.˙.

Je prétends donc que ce n'est pas rêver l'impossible que d'admettre qu'un jour viendra où, dans la société ainsi transformée, le dernier des humains, intellectuellement et moralement, sera devenu au moins mon égal.

*
* *

Il n'est pas du reste nécessaire au bonheur de l'humanité que tous les hommes soient intelligents : il peut suffire qu'ils soient bons. Si la société était organisée de façon à ce que personne n'eût intérêt à être méchant, les bons deviendraient meilleurs, et les méchants s'amenderaient. Nous ne croyons pas pour notre part à la théorie de l'homme né bon. Il y a des êtres qui naissent bons, et nous pensons que c'est le plus grand nombre, ou tout au moins que le plus grand nombre est susceptible de le devenir ; mais il y en a d'autres aussi qui naissent mauvais. Ceux-ci pourraient au fond rester mauvais, mais par la force des choses, ils seraient inoffensifs. — D'autre part nos vices, nos mauvais sentiments s'émoussent par l'absence d'occasions de les exercer. Ces mauvais sentiments, ces vices que les hommes auraient apportés en naissant, ils ne les transmettraient ainsi à leurs descendants que singulièrement affaiblis, jusqu'à ce que par la suite des générations ils eussent complètement disparu.

*
* *

Que si l'atavisme lègue encore à nos arrière-neveux quelques êtres pervers, ou simplement dégénérés, eh bien ! la société saura se montrer pour eux bonne mère, comme pour tous ses autres enfants. Elle les soignera, les traitera, les guérira. Il n'y a pas si mauvaise nature qu'elle ne puisse être amendée, améliorée, sauvée par un amour tendre, éclairé, persévérant.

*
* *

C'est d'ailleurs pour les dégénérés et les monstres, au moral comme au physique, que la collectivité, si elle avait bien conscience de ses devoirs et de ses intérêts, réserverait sa plus haute sollicitude. Car nul ne peut affirmer qu'il ne naîtra pas de son sang un de ces êtres maudits, qui n'ont pas demandé de naître, pour lesquels point n'est de place dans la société actuelle, et qui, lorsqu'ils deviennent criminels, ne font que lui infliger le juste châtiment de son misérable abandon.

Combien de pères ne peuvent pardonner à leurs enfants de ne point répondre aux hautes espérances qu'ils en avaient d'abord conçues !

*
* *

Il est certain qu'il est infiniment plus commode de rendre ses enfants seuls responsables de leurs imperfections, comme s'ils en étaient seuls coupables, que de s'en reconnaître l'auteur principal. Cela dispense de bien des devoirs à remplir.

*
* *

En fait tant qu'à l'égard des enfants, la société ne se sera pas substituée à la famille, les devoirs des parents ne s'éteindront qu'avec eux.

*
* *

Je serais plutôt porté à excuser les enfants refusant à de mauvais parents le pain de leur vieillesse, que les parents refusant de partager avec des enfants ingrats leur dernier morceau de pain. Car si d'aventure il arrivait qu'après vous avoir vus pleins d'attention à toujours remplir vos devoirs envers eux, vos enfants fussent mauvais pour vous, c'est que vous auriez engendré des monstres, et peut-être auriez-vous alors des excuses à leur faire pour les avoir créés. Mais celui-là ne devrait point procréer qui porte en soi le mal héréditaire.

* *

Au premier rang des devoirs des parents, je placerai celui d'apprendre à leurs enfants à être justes et bons. C'est souvent pour avoir négligé de leur enseigner cette vertu par l'exemple, que des parents, n'ayant d'autre part rien à se reprocher, ne trouvent chez leurs enfants que des cœurs durs et ingrats.

* *

Il est bien certain que si vous avez commencé par endurcir leur cœur aux maux et aux misères d'autrui, vous les aurez mal préparés à être bons à votre égard, quand ils n'auront plus besoin de vous. Tandis que si vous leur avez appris à être compatissants à tout le monde, en vérité comment seraient-ils méchants pour vous?

* *

L'enfant atteint de déformations intellectuelles ou morales, n'a pas moins de droits à la sollicitude paternelle que celui qui est atteint de difformités physiques. Plus encore! car il n'est de remède, s'il peut être sauvé, que plus de sollicitude et plus d'amour.

* *

L'acte de la procréation, s'il est le plus doux qui soit, est aussi le plus grave et celui qui engage le plus notre responsabilité. Si les résultats en sont heureux, nous en recueillons les avantages et les joies; s'ils sont malheureux, de quel droit nous déroberions-nous aux charges et aux peines?

* *

S'il est particulièrement douloureux pour les parents d'avoir donné naissance à des enfants inintelligents, méchants ou pervers, combien sont plus à plaindre les enfants condamnés à porter jusqu'à leur dernier jour le poids des tares familiales !

*
* *

Mais comme les parents les mieux intentionnés sont souvent impuissants à remplir le devoir qui leur incombe, c'est à la société, dans son intérêt, à les aider dans cette œuvre, afin de prévenir dans la mesure du possible, — et la chose serait toujours possible dans une société bien organisée, — les fautes ou les crimes qu'ils pourront être entraînés à commettre à son préjudice. Car vous aurez beau les frapper coupables, cela ne rendra rien à leurs victimes. Et quant aux parents, qui se désintéressent absolument du devoir qui leur échoit, celui de la société grandit avec leur indignité.

*
* *

Pour mon compte je voudrais que l'on ne craignit pas de trop instruire les enfants sur leurs droits comme sur les devoirs des parents, afin que ceux-ci, voyant en eux des juges, fussent plus exacts à les remplir. En outre les premiers, devenus pères à leur tour, seront d'autant plus portés à s'acquitter de ces devoirs, qu'il aura été plus facile de les en bien pénétrer à un âge où ils n'avaient qu'à en recueillir les avantages.

*
* *

En vérité, si vous obtenez que le jeune homme n'entre plus dans la vie que bien pénétré des devoirs de la paternité, et bien résolu à ne pas s'y soustraire, je ne crains plus rien pour les mœurs publiques.

*
* *

Quant au fait de l'homme abandonnant son enfant, il devrait être placé par l'opinion et les lois au premier rang parmi les crimes qui outragent la nature et font honte à l'humanité.

*
* *

Quand nous donnons la vie à un être, c'est volontairement ou involontairement. — Volontairement, nous le faisons pour nous et non pour lui, et il ne nous doit rien. Involontairement, et alors qui osera dire qu'il nous doit quelque chose?

.*.

Par le seul fait d'avoir reçu l'existence, l'enfant ne doit
rien à ceux qui la lui ont donnée. Il n'est strictement tenu,
dans la suite, qu'à des devoirs de réciprocité. Et il y est intéressé, car il peut craindre d'être assez justement traité
par ses propres enfants selon l'exemple qu'il leur aura
donné. Que s'il pouvait être assuré de n'avoir point d'enfants, dans un État bien réglé, le mépris public lui ferait
justice de son indignité.

.*.

Loin de nous la pensée, — ce qui irait à l'encontre de
toutes les données de ce livre, — de rendre les parents
moralement responsables des imperfections de leurs enfants, étant eux-mêmes des produits de la nature et de
la société, — alors même que par leurs propres fautes ils
y ont la plus grande part. Mais je dis qu'il doit y avoir entre
l'ascendant et le descendant, particulièrement à la charge
du premier, un lien de solidarité si étroit que la mort seule
peut le rompre.

.*.

Par la chair, par le sang, par l'éducation l'enfant est
notre œuvre. Malheur à nous si cette œuvre est mauvaise.
Mais qui a le plus droit à la plainte, de l'œuvre ou de
l'ouvrier? Aussi je prétends que celui-là ne doit point procréer, qui n'est point résolu à accepter dans sa plénitude
la responsabilité qu'il encourt.

.*.

Nous contractons de si grands devoirs envers l'enfant à
qui nous donnons la vie, que ce ne devrait jamais être sans
une joie mêlée de crainte, que nous voyons venir à la lumière l'être que nous avons créé.

* *

Le jour où la conscience de cette responsabilité et de ces devoirs aura bien pénétré tous les cœurs, elle apparaîtra si accablante pour chacun que pour les aider à la porter, voire même s'en affranchir, les hommes comprendront la nécessité de faire appel à des institutions meilleures, en lesquelles seront la sauvegarde et le salut de tous.

Il ne saurait être interdit au penseur d'envisager toutes les éventualités de l'avenir. La famille peut disparaître. Logiquement même elle ne doit pas survivre aux conceptions d'égoïsme qui l'ont fait naître et l'ont jusqu'ici perpétuée. Quelque respect qu'on lui doive dans le présent, où elle constitue la plus solide assise de notre ordre social, de quelques nobles traditions dont elle se recommande dans le passé, on ne peut nier qu'elle ne sanctionne ce fait monstrueux : l'asservissement de la femme, au moins dans son corps, la femme tour à tour instrument de plaisir ou de débauche, objet de luxe ou de profit, sans personnalité réelle. Et si l'on va au fond des choses, on trouvera peut-être dans cet asservissement même la cause des maux dont nous souffrons par elle.

* *

Si la femme était faite pour porter le joug que vainement l'homme, abusant de sa force, cherche à lui imposer, tant de siècles d'oppression l'y eussent à ce point accoutumée qu'elle ne demanderait pas à en sortir.

* *

Mais, asservie dans son corps, elle se venge par l'esprit. De là ce talent consommé dans l'art de feindre, de dissimuler et de mentir, qui furent longtemps ses seules armes, et qui sont restés son principal moyen de domination.

Mais au fond la femme a l'horreur du mensonge, si bien
que c'est encore ce qu'elle pardonne le moins à l'homme.
Inconsciemment elle trouve dans son état d'infériorité sociale le droit au mensonge : il l'indigne chez l'homme qui
s'est constitué son maître. — Libre, la femme serait moins
menteuse que l'homme.

***

De là aussi ce besoin, elle au fond si bonne et si
dévouée, de faire souffrir l'homme, ce plaisir, souvent
douloureux pour elle, à lui faire payer tous les plaisirs
qu'elle lui donne. Ainsi ses mauvais desseins se tournent
contre l'homme, et dans son égoïsme mal éclairé, il a
manqué le but. — Emanciper la femme dans son corps
comme dans son esprit, c'est la rendre à sa vraie nature,
à la générosité, à la bonté.

***

Mais le jour où la femme aura conquis sa liberté, et ce
jour est à prévoir, que restera-t-il de la famille actuelle ?...

***

Cependant, quelles que soient les conventions sociales
qui règlent les rapports de l'homme et de la femme, *l'enfant est et restera le pivot de la morale.* C'est par les droits
de l'enfant qu'elle commence et par les devoirs des parents
qu'elle se poursuit.

***

Si donc la famille, déjà fortement ébranlée, — et quant
à espérer la reconstituer, les sociétés périssent mais ne se
recommencent pas, — venait à cesser d'être, l'enfant, lui,
ne laisserait pas d'être pour l'homme l'espoir et la ressource suprême de sa vieillesse. Celui-ci sera donc toujours intéressé à donner aux facultés physiques, intellectuelles et morales de l'enfant le plus grand développement

possible, puisque de ce développement dépendra le plus ou moins de bonheur de ses vieux ans.

* *

Et si l'on me demande ce qu'il adviendrait alors de ce sentiment si noble et si pur, — source de tant d'espoirs et de joie, mais aussi de déceptions et de larmes qui se nomme l'amour paternel, je répondrai que nos sentiments affectifs, s'exerçant de ce côté sur un plus grand nombre d'enfants, les nôtres et ceux des autres, ils gagneront en étendue ce qu'ils perdront en intensité, — et cela peut-être bien pour le plus grand bonheur de tous, voire même de l'enfant, dont les qualités natives se développeront d'autant mieux, pour le bien général et le sien, qu'il échappera davantage à l'action directe de cet amour paternel, trop souvent faible et aveugle, s'il est toujours sincère et généreux.

* *

Quant à la femme, amante et mère, la nature elle-même semble lui avoir assigné son vrai rôle dans la société. Et n'apparaît-il point que la femme s'en peut rapporter à l'homme, s'il est bien inspiré, du soin de la rendre, — *jeune fille,* — plus belle et plus pure pour la faire plus désirable, plus instruite pour ajouter à son charme, meilleure de cœur pour qu'il en soit plus aimé, plus parfaite en un mot, puisque de ses perfections la meilleure part est pour lui, — *femme,* — heureuse enfin le plus possible, puisque de son bonheur dépend le sien ?

* *

Vieille femme, elle sera le flanc qui nous aura portés, le sein qui nous aura nourris, les bras qui nous auront bercés, l'être doux et bon qui nous aura aimés ; — *aïeule,* honorée de ses enfants, elle sera la joie de ses petits-enfants comme ils feront la sienne.

CONCLUSION

Les religions s'en vont ; on peut même dire qu'elles
ont déjà disparu du cœur des nations civilisées. La
religion n'est plus chez nous qu'une affaire de coutume, de mode, de coterie, qu'un moyen pour certaines gens de surprendre la confiance ou d'exploiter
une riche clientèle. Elle ne doit de subsister encore
qu'au zèle qu'elle déploie à se mettre au service de
tous les intérêts.

*
* *

L'égoïsme est partout, dans tous les rangs de la
société. Mais au lieu de cet égoïsme noble, intelligent, désintéressé, tel que l'ont toujours conçu et
pratiqué les philosophes utilitaires de l'antiquité et
des temps modernes, c'est un égoïsme vil, étroit,
misérable, qui ramène tout à deux faits : s'enrichir
et jouir.

*
* *

Les temps sont proches où se fera sentir, d'une
manière impérieuse, la nécessité de diriger et de
conduire cet égoïsme qui ne tend qu'à descendre,
d'en faire la base de l'éducation, de l'éclairer et de

montrer à l'homme, en l'y intéressant, le véritable
but où il doit tendre : *la perfectibilité humaine.*

.·.

Il s'agit de sauver l'homme de l'égoïsme par
l'égoïsme, — du faux égoïsme, de l'égoïsme inin-
telligent, par l'égoïsme vrai, l'égoïsme intelligent,
l'égoïsme libérateur, sauf à révéler aux natures d'élite
un idéal supérieur, un idéal qui sera encore de
l'égoïsme, mais de l'égoïsme sans le nom.

.·.

Le jour où, dans une nation, les hommes en majorité comprendront où sont leurs vrais intérêts, où peut
résider leur véritable bien, avec l'arme du suffrage
universel, — le suffrage universel est dans l'avenir
de toutes les nations, — ils seront le nombre, et par
le nombre ils auront le *droit* et la *force;* ils triom-
pheront sans peine de quelques résistances honteusement intéressées, et il n'est alors, l'impulsion étant
donnée, aucune des réformes sociales rêvées par les
philanthropes les plus optimistes, qui ne puisse devenir promptement réalisable (1).

(1) Observons que tout notre droit politique repose sur la loi du
nombre. Et qui s'en réclame aujourd'hui sera mal venu à s'en
plaindre demain. — Certes on ne saurait sans attenter à sa liberté
politique, contester à un homme le droit de combattre par la
parole et par la plume ce qui, dans les institutions et les lois, lui
paraît contraire à la vérité, à la justice ; mais si de la protestation
verbale ou écrite, il en vient à passer à l'acte, ce ne peut être qu'à
ses risques et périls et sous la sanction des lois établies. — En
principe nous n'acceptons de bon cœur que la loi qui nous sert
ou nous protège. Quant à celle qui blesse nos opinions ou nuit à
nos intérêts, nous la subissons jusqu'au jour où il nous est possible de la violer sans danger, ou tout au moins de la changer. Il
y en a même qui considèrent comme un devoir de s'insurger

*
* *

Une fois la carrière ouverte, tous les peuples marcheront à l'envi sur les traces de la nation privilégiée, leur devancière, à qui il aura été donné, avant les autres, d'indiquer par son exemple la route à parcourir ; cette route au terme si lointain, mais qu'il nous est cependant déjà permis de percevoir ; route semée d'obstacles et de difficultés sans nombre, mais non point au-dessus des forces de la volonté humaine,

contre la loi qui les opprime en fait ou en imagination, et cela sans même aucune espérance de voir le triomphe immédiat ou prochain de leurs revendications. Ceux-là, tout en les frappant, leurs adversaires politiques ne sauraient leur refuser leur estime, voire même leur admiration si c'est un sentiment généreux qui les pousse. — D'ailleurs tous les partis honorent comme des martyrs ceux qui ont souffert pour la cause commune ; et quant à savoir s'ils ont pour cela défendu ou violé la loi, ils ne s'en préoccupent guère. Les partis au pouvoir en appellent toujours à la loi pour se défendre, sauf à la tourner ou à la violer pour se maintenir. Quant aux partis d'opposition, il n'est pas chez nous, par exemple, un véritable chef de parti, monarchiste, impérialiste, papiste, socialiste, qui reculât devant la violation des lois existantes pour assurer le triomphe de ses idées. Et quand, par hasard, par honnêteté ou par peur, il s'en rencontre, tels Mac-Mahon et Boulanger, qui furent, il faut le dire, un peu chefs de partis malgré eux, — et c'est ce qui explique leur défection, — voyez comme on les traite après : c'est un lâchage universel. C'est surtout en politique que l'on peut dire que le succès justifie les moyens. Ces moyens, les vaincus les reprochent toujours aux vainqueurs, sauf à s'en servir à leur tour. Cependant les vainqueurs sont intéressés à se montrer cléments dans la répression, d'abord par crainte que l'excès de rigueur ne fasse surgir des vengeurs, ce qui arrive toujours, et ensuite pour éviter, autant que faire se peut, la cruauté des représailles, au jour toujours possible où le vaincu de la veille devient le vainqueur du lendemain.

Dans tout ce qui précède nous ne jugeons pas, nous constatons. Mais pour ce qui est de trouver une morale qui oblige au respect d'institutions que dans son for intérieur on trouve mauvaises, nous pensons bien que nul n'y songe sérieusement. Aussi bien si une telle morale était possible, faudrait-il la condamner, car elle irait à l'encontre du Progrès, qui ne peut édifier l'avenir que sur les ruines du présent.

au bout de laquelle l'humanité, délivrée des misères qui l'accablent et qui la déshonorent, aura enfin triomphé des préjugés misérables qui l'étreignent, et qui sont le seul empêchement à la réalisation de ce qui n'est encore pour nous qu'à l'état d'un beau rêve : *le Bonheur universel dans la Fraternité universelle.*

Alors l'Humanité, comme si elle ne formait plus qu'un seul corps, une seule âme, — ayant enfin pris conscience de son impersonnalité, — son égoïsme éclairé par les mille flambeaux de la raison humaine, ses mauvaises passions éteintes, les difficultés de l'existence aplanies, ses tentations vaincues, sa liberté conquise, — l'Égalité et la Fraternité n'étant plus seulement gravées au frontispice des monuments publics comme une ironie suprême, mais illuminant tous les cerveaux, embrasant tous les cœurs, — ses illusions, ses rêves pâlissant au soleil de la réalité plus belle, toutes ses ambitions dirigées vers le Bien, ses vices étouffés, la vertu triomphante, — l'Amour, libre de toute contrainte et délivré d'entraves, se faisant à lui-même son frein et sa mesure, — la matière enfin domptée par son génie et soumise à ses lois, la nature lui ayant révélé de ses secrets tout ce qu'il lui importe d'en connaître, la Fortune elle-même subjuguée se pliant à ses vœux, la mort acceptée comme une nécessité inéluctable, sans la peur du néant qui n'est rien, ni d'un dieu vengeur qui n'est pas, — l'Humanité, dis-je, parvenue à son plus haut degré de perfectibilité, en pleine possession de son idéal de justice, lasse des vains combats et des luttes stériles, dans une atmosphère d'innocence et de paix, sous le souffle vivifiant de la Solidarité, — le Progrès réalisant toutes les utopies par le concours de toutes les volontés, et chacun pour cela n'obéissant qu'à la loi du Devoir, — ne connaîtra plus d'obstacles à sa marche triomphale vers ce but si longtemps poursuivi et qu'elle semblait ne devoir jamais atteindre : le Bonheur.

Mais l'Egalité et la Fraternité, en lesquelles se résume en fait tout le problème social, n'auront cessé d'être de vains mots qu'au jour où tous les enfants, au moins d'un même peuple, recevront une éducation commune, imprimant dans tous les cerveaux les mêmes idées sur le Bien, la Vertu, la Justice. Alors les hommes, imbus dès l'enfance du sentiment de la Solidarité qui les unit les uns aux autres, tout en suivant des carrières différentes en harmonie avec leurs goûts, leurs aptitudes, marcheront ensemble, la main dans la main, vers cet idéal social qui nous paraît encore si éloigné : *le bonheur de chacun dans le bonheur de tous.*

Que faudrait-il donc tant faire pour atteindre à un si grand résultat, pour diriger l'humanité vers cet idéal social dont je parlais tout à l'heure, pour préparer le bonheur de la génération qui s'avance et assurer le bonheur des générations de l'avenir? Il faudrait sacrifier... quoi? — *Les préjugés et la sotte vanité d'une génération qui s'éteint.*

La vanité! c'est de l'égoïsme qui se gonfle. Et

cette tumeur de l'égoïsme, comment en délivrer l'homme, tant qu'il n'aura pas pris conscience de son impersonnalité ?

. .

L'homme est vain jusqu'à la moelle : vain de son nom, de ses titres, de ses croix, de ses galons, de son pantalon ; vain de sa parenté, de ses relations, de ses biens, de son luxe, de sa domesticité ; vain de son état, de son esprit, de son talent, de ses œuvres, de son mobilier ; vain de sa femme, de ses enfants, de ses maîtresses, de ses chevaux, de ses chiens ; vain de son corps, de sa force, de sa beauté, de ses mains, de ses pieds, et jusque de sa misère, quand il en est sorti.

. .

Toutes ces vanités, qu'est-ce qui les justifie ? — Rien. (C'est justement le propre de la vanité de ne reposer sur rien). Nous en avons pleinement la conscience pour les autres : il ne nous manque que de nous en convaincre pour nous-mêmes.

. .

Mais nul ne veut désarmer. Et dans cet assaut à la vanité, pour lequel nous entrons tous en lice, la médisance aux lèvres, au cœur l'envie, — où il y a des vaincus et point de vainqueurs, l'humanité tout entière semble se faire complice de ce mal qui la ronge et la tourmente.

. .

Extirper la vanité dans l'homme, c'est assurer sa rédemption.

De ce que la morale égoïste donnerait encore prise à la critique par certains côtés, il n'en faudrait pas conclure qu'il faut la condamner, car vous n'auriez rien à mettre à la place, — mais conclure seulement que ses apôtres n'ont pas encore réussi à lui donner le caractère de perfection dont elle est susceptible, et cet éclat de vérité qui force l'adhésion des esprits même les plus prévenus contre elle.

.·.

La morale égoïste, telle que nous l'entendons ici, — et c'est ce qui fait sa force; — peut être considérée sous deux points de vue : *le côté sentimental et le côté pratique*, et ils concourent tous deux au même but : intéresser l'homme à remplir ses devoirs, par ce que j'appellerai son *intérêt moral* et son *intérêt matériel*, et nous la résumerons en ceci :

.·.

L'homme est un être impersonnel et égoïste; il recherche le bonheur. Il est heureux à proportion qu'il s'élève moralement par l'observation de ses devoirs. Nos devoirs, c'est tout ce qui peut contribuer à établir parmi les hommes l'harmonie la plus parfaite. La solidarité humaine existant en fait, nous sommes tous intéressés à cette parfaite harmonie, et par conséquent tous doublement intéressés à l'accomplissement de nos devoirs sociaux.

.·.

Or, il suffit que nous y soyons intéressés pour que la société ait le droit et le devoir de nous y contraindre. Recueillant les avantages de la vie sociale, nous devons en subir les charges, comme en ayant les charges, chacun a droit à sa part des avantages.

.·.

Telle est ma morale. Acceptez-la ou la condamnez. Mais j'ose dire qu'elle est établie sur des bases solides. Elle repose sur une réalité : l'*impersonnalité humaine*, — un sentiment indéniable : *l'amour de soi*, — une loi certaine : la *solidarité*. Et si elle obtient les honneurs de la critique, je ne crois point faire acte de témérité en avançant ici ce fait, c'est qu'aucun de mes contradicteurs ne produira pour la combattre de meilleurs arguments que ceux que je fournirai pour la défendre.

Avant de clore cette étude, nous croyons devoir — pour ceux de nos lecteurs qui nous auraient lu d'une façon un peu superficielle, — mettre en relief les trois questions de fait qu'elle contient et que nous résumerons en ces trois termes : *Impersonnalité, Égoïsme, Solidarité*. On peut nous attaquer dans la façon dont nous les avons présentées ; mais en principe nous les considérons pour notre part comme indiscutables.

Elle procède en outre d'une foi profonde en la *Perfectibilité humaine* pour s'élever jusqu'à cet idéal : le *Bonheur de l'Humanité*. Sur ces deux points, nous pensons bien que personne ne nous en contestera ni la grandeur ni l'utilité.

Maintenant si pour la défense de mes principes, il

me faut des parrains : avec Epicure, Lucrèce, La Rochefoucauld, avec Herbert Spencer et toute l'Ecole anglaise contemporaine, je crois en l'homme foncièrement et exclusivement égoïste ; avec Pascal, je crois que tous les hommes, sans exception, recherchent le bonheur ; avec Eugène Véron, que la volonté n'est point une faculté distincte ayant le pouvoir de se déterminer sans motifs, et que de deux ou plusieurs motifs, c'est toujours le plus fort qui l'emporte ; avec Théodore Ribot, que ce motif le plus fort est toujours ce qui est ou nous paraît être notre plus grand plaisir ou notre moindre peine ; avec Gounod, d'après une pensée publiée au lendemain de sa mort, et que toute la presse s'est accordée à qualifier « belle », que le génie est impersonnel (1). Or, il serait singulier que le génie étant impersonnel, le talent ne le fût pas, et qu'alors le don de la personnalité se trouvât le privilège de la médiocrité, de l'imbécillité, de l'inconscience ou du crime. Je crois enfin avec Montesquieu que l'être humain, comme d'ailleurs tout ce qui vit et respire, peut être assimilé à une machine. Il écrit en effet en parlant de lui-même : « Ma machine est si heureusement construite... Ma machine est tellement composée... » Ne voyez-vous pas les prétentieux et les sots s'indigner à ce mot de « machine », quand Montesquieu, un des hommes qui se sont le plus observés, ne craint pas de se l'appliquer à lui-même !

(1) « Il n'y a pas de grand homme : il y a des hommes dans les-
« quels ont été répandus, à plus ou moins grande profusion, des
« dons divins. Rien de ce qui est grand dans l'homme ne vient de
« lui et ne lui appartient en propre ; c'est pourquoi la vanité peut
« se rencontrer dans le talent, mais on ne la trouve pas dans le
« génie. »   GOUNOD.

De tous ces faits, dont il suffit qu'*un seul soit bien constaté pour que s'écroule toute la morale officielle*, je me suis efforcé de tirer toutes les conséquences qu'ils m'ont paru comporter, sans reculer devant aucune. Et voilà comment j'ai été amené à faire confirmer par ma raison ce qui n'avait été, à l'origine, qu'un phénomène d'intuition, à savoir : la négation de la loi morale, de la liberté, de la responsabilité, du mérite et du démérite moral, de la conscience, du remords, de la personnalité, toutes choses qui tiennent encore tant au cœur de bien des gens, et dont il faudra cependant un jour ou l'autre apprendre à se passer, parce qu'elles ne reposent sur aucune réalité, — et comment trouvant l'*Egoïsme* en tout et partout, et profondément pénétré des lois de la *Solidarité*, j'ai été amené à édifier sur ces deux faits une Morale qui, en l'absence d'autre mérite, a toujours celui de se bien tenir, et de constituer une trame, dont tous les fils sont solidement liés les uns aux autres, si bien que je doute qu'après en avoir accepté la plus petite partie, on puisse sans se déjuger rejeter le reste.

Mais aussi je ne me dissimule pas qu'auprès de beaucoup, — parmi ceux-là mêmes qui accueilleront mon œuvre avec le plus de sympathie, — je ne doive me heurter à une sorte d'opinion préconçue à l'encontre du Progrès social et de la Perfectibilité humaine.

Reportant leurs regards vers les civilisations disparues : « Valons-nous donc mieux, diront-ils, que les Grecs et les Romains ? Sommes-nous plus heureux ? et comme eux ne sommes-nous pas voués à une déchéance inévitable ? N'est-ce point une loi de l'histoire que les cités grandissent, se développent et meurent ? »

En tant que fait dans le passé la chose est acquise. Mais en tant que loi pour l'avenir, je le nie. S'il est vrai, en effet, que les mêmes causes produisent les mêmes effets, encore faut-il que les circonstances soient identiques. Or, les conditions de la vie universelle se trouvent changées du tout au tout. L'esprit humain s'est transformé, se transforme incessamment. Les haines de races, si tant est qu'elles subsistent, ne sont plus que factices ; et elles s'éteindraient bien vite, si les chefs des peuples, secondés par quelques énergumènes, ne voyaient nul intérêt à les entretenir. Déjà les guerres sont moins fréquentes et moins cruelles, malgré des armements plus perfectionnés. Et ce formidable état de paix armée, sous le poids duquel succombent les peuples civilisés, sous la pression de l'opinion publique, pourrait bien être le prélude de la paix du monde.

D'autre part les Etats policés, peu nombreux dans le passé, ont été absorbés par l'élément barbare qui dominait sur le globe. La civilisation du monde était à ce prix. Aujourd'hui les races barbares sont en voie de disparaître par fusion ou extinction, et nulle crainte qu'elles deviennent jamais dangereuses par l'invasion aux nations policées mieux armées pour les combattre. Ce sont au contraire ces dernières qui, comme poussées par un élan irrésistible, vont porter partout le flambeau de la civilisation. Oh ! sans doute les moyens employés sont condamnables ; mais aussi condamnés par l'élite qui raisonne et qui pense, le jour semble être proche de la colonisation pacifique. Quant aux guerres qui peuvent encore surgir dans le monde civilisé, qu'importe de quel côté penche la victoire : elles ne sauraient longtemps arrêter la marche du Progrès.

L'Idée en effet est devenue la reine du monde; son empire pénètre chaque jour plus profondément dans les masses. Le désir d'un meilleur avenir s'infiltre dans tous les cœurs. Un long retour en arrière paraît donc impossible, et l'on peut dire de la barbarie primitive qu'elle est à jamais éteinte. Enfin si la décadence de certains peuples est manifeste, elle ne saurait prévaloir contre le fait de la marche ascendante de l'Humanité dans son ensemble. Il suffirait d'ailleurs d'une transformation dans l'organisme social pour donner à ces peuples une vitalité nouvelle et durable. D'autant que l'on se demande si ce n'est point faute de cette transformation devenue nécessaire qu'ils périssent. C'est qu'en effet en raison des idées nouvelles, des besoins nouveaux qui sont nés de la civilisation même, les nations ne peuvent plus vivre de ces mêmes institutions qui, dans le passé, ont fait leur grandeur et leur force. Il faut progresser ou mourir. Nous en avons la vision bien nette. De ce côté les civilisations éteintes nous sont un précieux enseignement. Sachant donc d'où vient le mal, en connaissant les causes, que ne faisons-nous l'accord des volontés, afin de donner à ces idées, à ces besoins les satisfactions nécessaires, et prévenir ainsi la décomposition qui nous guette! Mais faute d'opposer au mal le remède, dussions-nous disparaître comme les cités antiques, cela n'établirait pas qu'il y a une limite de civilisation que ne sauraient dépasser les cités de l'avenir.

Quant à être aujourd'hui sensiblement meilleurs et plus heureux que les civilisations qui nous ont précédés, comment le serions-nous, lorsque les conditions de la vie sociale sont à peine changées, quand la mentalité du plus grand nombre se forme sur le même fond de préjugés et d'erreurs, quand la moitié du monde civilisé en est encore à accepter ou subir le joug déprimant d'une papauté d'un autre âge, quand nous voyons les intérêts individuels en constant désaccord avec les intérêts sociaux, et le succès comme une prime partout offerte à la bassesse et à la malhonnêteté ? — tellement que dans la lutte du bien et du mal, on serait tenté de reconnaître au mal la victoire, si l'on n'avait si souvent sous les yeux le spectacle réconfortant des méchants en leurs desseins confondus, et des bons, par la seule force de leur vertu, élevés au pavois, forçant le suffrage des méchants eux-mêmes pour le triomphe du Bien.

Mais tandis que, dans l'ordre politique et social, nous nous consumons à consolider le vieil édifice gouvernemental, que nous sentons craquer de toutes parts, dans l'espoir, sincère chez beaucoup mais chimérique, qu'il est encore capable de donner satisfaction à ces aspirations nouvelles nées du progrès de l'esprit humain, tout autour de nous est en voie de transformation dans le domaine scientifique et économique. Nous déployons une activité à nulle autre seconde à créer du bonheur ; il y en a déjà en surcroît pour tout le monde, malgré des milliers et des milliers de bras sans emploi, et il suffirait pour tripler la production avec un effort trois fois moindre pour chacun, d'une meilleure organisation, sachant utiliser toutes les forces sociales, et mettre à profit les ressources de la science et de la mécanique.

Cependant que voyons-nous? Des existences se consument en des travaux aussi improductifs qu'inutiles; les passions sont sans frein par la facilité de les satisfaire, grâce à la richesse des uns et à la misère des autres; le désordre social s'engendre du désordre moral qui s'en va sans cesse s'accusant; le surmenage augmente tous les jours le nombre de ses victimes; les accidents, les cracs financiers se multiplient, plongeant tout à coup dans le deuil et la détresse des familles à qui la fortune semblait sourire; le chômage fait sentir de plus en plus ses ravages, et parmi ceux-là mêmes qui travaillent et qui produisent, beaucoup manquent du nécessaire. Pour couronner le tout, les drames du désespoir et de la misère se font de jour en jour plus nombreux. C'est ainsi qu'avec infiniment de justesse on a pu dire de l'humanité qu'elle offre l'affreuse image d'une bande de tigres se déchirant entre eux pour s'arracher une proie suffisante à les repaître tous.

Dans cette lutte féroce des passions et des intérêts, ceux qu'avec un mélange d'envie et d'ironie, on appelle les bourgeois, ont-ils au moins lieu d'être satisfaits? A les entendre on ne le penserait guère; et de fait je crois qu'ils ont raison et pour le présent et plus encore pour l'avenir. Depuis un quart de siècle la bourgeoisie a vu décroître de moitié la valeur de ses revenus et, suivant toute apparence, cela ne fait que commencer. D'autre part, l'intelligence n'étant le monopole d'aucune classe, à mesure que les bienfaits de l'instruction deviennent plus accessibles à la

masse des citoyens, elle se voit peu à peu dépossédée
par les fils des travailleurs, plus ardents à la lutte,
des fonctions administratives, judiciaires ou autres,
qui, jusqu'à ces derniers temps, avaient pu être con-
sidérées par elle comme son apanage intangible. Il
n'est pas jusqu'aux carrières libérales, déjà si encom-
brées que la majorité des élus a peine à y vivre, dont
l'accès ne lui devienne de plus en plus difficile, hérissées qu'elles sont d'examens et de concours.

Il y a bien encore l'Armée. Mais respectons ses
deuils. Disons seulement qu'un grand Souverain,
notre impérial Allié, a pris l'initiative d'un désarmement général qui, s'il venait à se produire, finirait de
jeter le désarroi au camp de la noblesse et de la bourgeoisie. Ce n'est pas tout. La nécessité des grosses
dots se faisant sentir chaque jour davantage, le bourgeois trouve de moins en moins à placer ses filles, et
ses fils menaçant à leur tour de lui rester pour
compte, il se pourrait bien que, dans un avenir prochain, perdant tout espoir en la contre-révolution, il
vînt se mettre à la tête du mouvement révolutionnaire contre lequel nous le voyons actuellement lancer
ses foudres, dans le but d'en profiter en le dirigeant
ne pouvant l'empêcher. Combien en ont déjà pris le
chemin ou se disposent à le prendre !

Quant à cette pauvre noblesse, à qui il ne reste
plus rien de ses anciens privilèges, réduite à marcher
à la remorque de ces bourgeois jadis si méprisés, depuis longtemps réduite à rechercher l'alliance de la
roture pour redorer ses blasons, qui n'en aurait
pitié ?

Restent les hommes d'argent. Notre siècle est le
leur. Ils règnent, ils gouvernent, ils sont tout. Et

pourtant, combien au pinacle parvenus, honorés et puissants, idoles de la tourbe des parasites, nous avons vus sombrer brusquement dans la ruine et le mépris des hommes, — heureux encore quand ils n'emportent pas dans leur chute l'honneur et la fortune des particuliers.

Enfin nous ne pouvons, dans cette courte esquisse de la société présente, ne pas dire un mot de l'alcoolisme, signalé par tous les bons esprits comme un mal qu'il n'est que temps d'enrayer, sous peine de voir la vieille Europe tomber dans la folie et le gâtisme. Mais comment faire? L'alcoolisme est devenu un des principaux agents de la richesse publique. La race en meurt; mais l'Etat, les particuliers en vivent. Et c'est ainsi que partout dans l'organisation actuelle, dès qu'on veut guérir la société d'un mal, on en voit surgir un autre, et que nos législateurs, depuis 25 ans, malgré chez beaucoup une bonne volonté indéniable et des promesses souvent sincères, ne font rien, parce qu'ils ne peuvent rien faire, parce qu'en dehors d'un remaniement complet du système social, il n'y a rien à faire. Et s'il en faut une autre preuve entre mille : le désarmement, si désirable en soi, apporterait une telle perturbation dans l'ordre économique, — tant ceux-là sont nombreux qui vivent du militarisme, — qu'il ne pourrait s'accomplir sans provoquer un long cri de détresse de l'est à l'ouest et du nord au midi. Enfin pour tout dire, dans l'ordre social actuel, où tout repose sur l'iniquité et l'injustice, dès qu'on veut aborder les questions de justice, on se heurte à des impossibilités. Et si d'aventure on fait quelque chose, le remède est souvent pire que le mal. Mais telle est chez la masse la peur du changement, que pourtant au fond elle désire, qu'il faut que l'expérience mille fois en soit faite à ses dépens, pour qu'elle se détermine à faire un saut dans l'inconnu.

Nous n'avons pas à produire ici un projet d'organisation sociale. Reconnaissons d'ailleurs qu'à cet égard nous vivons en pleine confusion. Chacun a sa panacée qui ne satisfait que lui-même. C'est que nous avons le tort de vouloir marcher droit au but sans en avoir frayé la route, et que nous ne tenons pas assez compte des forces contingentes qui l'obstruent. Tant que n'aura pas été changée la mentalité humaine, tant que la masse vivra ignorant tout d'elle-même, et que les esprits faussés ne se seront pas en majorité ouverts à la vérité, il n'y aura pas de progrès sérieux et durable, parce que tout progrès se heurtera à la puissance invincible du préjugé. Vaincu un jour par la force des choses, il reparaîtra demain triomphant, tant que la lumière n'aura pas été faite dans les cerveaux. Un intérêt immédiat peut, momentanément, changer la mentalité des foules ; mais si sa raison n'est pas éclairée, par la force des idées acquises, le peuple en revient toujours à adorer le lendemain ce qu'il a brûlé la veille. L'histoire de tous les peuples, notre grande révolution, ce qui s'est passé depuis, ce qui se passe encore aujourd'hui en sont la preuve.

Aussi bien le problème du bonheur individuel, au moins pour ce qui est du bonheur matériel, qui est la condition de tous les autres, réside tout entier dans la façon équitable de distribuer à chacun les fruits de la richesse publique, produits par le travail de tous. Mais ce problème, comment donc serait-il résolu tant que pèseront sur le monde, comme dans les sociétés antiques, ces deux forces de réaction, toujours agissantes, toujours puissantes, toujours unies, dès qu'il s'agit de faire obstacle à un progrès : la Théocratie et l'Argent ?

Contre la première se dresse l'effort des philosophes. Mais la philosophie, à peine sortie des ténèbres de la métaphysique, si elle a déjà beaucoup fait contre l'erreur, n'a pas encore réussi à donner au monde la vérité qu'il en espère. Comment s'en étonner ? — les philosophes ne nous offrant, à l'ordinaire, que le spectacle du dénigrement réciproque ou de l'admiration mutuelle, suivant que les méthodes, les conceptions de l'un s'éloignent ou se rapprochent des méthodes, des conceptions de l'autre. Quel fond faire sur leurs doctrines et comment s'y reconnaître ?

Mais l'astronomie a couvé des milliers d'années sous l'astrologie ; l'alchimie a précédé de plusieurs siècles la chimie ; la philosophie, longtemps absorbée, terrorisée par la théologie, est née d'hier à la vie sociale ; et la voici qui, abandonnant le Ciel pour la Terre, Dieu pour l'Homme, est en voie, sous le nom de sociologie, de constituer enfin une vraie science qui, établie sur la connaissance de l'homme, l'expérience et l'observation, ouvre au monde des horizons nouveaux.

Astrologie, *Théologie*, *Philosophie*, *Sociologie* marquent les quatre grandes étapes de l'évolution humaine dans le domaine de l'esprit. Et admirons comme chacune de ces transformations de l'esprit humain est logiquement amenée par celle qui la précède. L'ignorance des premiers âges, l'impossibilité d'expliquer scientifiquement les phénomènes naturels devaient nécessairement engendrer la superstition, dont l'astrologie fut la plus haute manifestation. La superstition s'épurant, l'homme s'est élevé à la con-

ception du sentiment religieux sans cesser d'être su-
perstitieux. La philosophie, née de la théologie, après
avoir longtemps fait bon commerce avec elle, s'en sé-
pare de plus en plus, et nous la voyons, abdiquant peu
à peu le domaine des vaines spéculations, se fondre
chaque jour davantage dans la sociologie féconde.

Quant à l'argent, notre littérature est pleine des
maux qu'il engendre ; nous en avons incessamment
le spectacle sous les yeux, et voici ce que, il y a
2350 ans, en faisait dire Sophocle sur le théâtre
d'Athènes : « De toutes les inventions humaines, la
« pire est l'argent. L'argent corrompt les âmes hon-
« nêtes et les détourne de bien faire pour les précipiter
« dans les choses honteuses. L'argent apprend aux
« hommes à faire le mal. Mais ceux qui gagnés par
« un salaire commettent un forfait, ne font que s'as-
« surer un supplice inévitable. Vous saurez où l'on
« doit chercher son profit et vous apprendrez que
« tout moyen n'est pas bon pour s'enrichir, car les
« gains honteux ont perdu plus d'hommes qu'ils n'en
« ont sauvés. » Cette parole a traversé les siècles.
Toutes les morales l'ont, à l'envi, répétée sous toutes
les formes. Et voyez où nous en sommes. Le mal
d'argent est incurable, s'il n'est extirpé dans sa ra-
cine : les moyens de s'enrichir. Et il est devenu chez
nous si intense, nous en avons si bien perdu toute
notion de justice comme toute foi en l'honnêteté qu'il
suffit, même au plus probe, d'être accusé de vénalité,
pour qu'aussitôt s'ouvrent mille oreilles pour recueillir la calomnie, et qu'il se trouve mille bouches et
mille plumes pour la répandre (1).

(1) Un contemporain a dit : « L'homme est naturellement honnête et bon : ce qui le gâte, c'est l'argent qu'il a ou qu'il n'a pas. »

Si donc, comme au temps d'Athènes et de Rome, nous vivons sous la double domination de la théocratie et de l'argent, l'une gardienne vigilante de tous les préjugés et de tous les abus du passé, d'autant plus malfaisante que la foi est morte, et que l'on voit toujours du côté des tyrans pour partager leur tyrannie, — l'autre agent de discorde et de corruption, de crimes et d'immoralités, également funeste aux méchants et aux bons, à ceux qui en ont trop comme à ceux qui en manquent, comment serions-nous meilleurs et partant plus heureux ? Comment s'étonner des lenteurs du progrès ? Tandis que si l'erreur vient faire place à la vérité, si le pernicieux argent cesse un jour d'être le moteur de presque toutes les actions des hommes, qui peut alors assigner des limites à la perfection humaine et au progrès social ?

Les sociétés ne se maintiennent que par les parcelles de vérité qu'elles renferment. Dans le domaine des faits contingents, il n'y a pas actuellement, il ne saurait y avoir de vérité parfaite, parce que nulle vérité parfaite ne peut s'accommoder de l'erreur ambiante. Il n'y a que des vérités relatives. A mesure que l'erreur fait un pas en arrière, la vérité d'hier n'est déjà plus la vérité d'aujourd'hui. Dans cet ordre d'idées le paradoxe est le bon ou le mauvais grain qui germe ou s'étouffe au champ de la vérité ; mais à peine a-t-il porté ses premiers fruits, que déjà de quelque cerveau puissant s'échappe un nouveau paradoxe qui le mine, et qu'un nouveau recul de l'erreur fera la vérité de demain. Au contraire qu'une erreur vaincue un jour redevienne triomphante, elle fera reculer d'autant les vérités acquises. Et pourtant même en matière contingente la Vérité est une ; mais comme

Janus elle a deux faces : l'une penchée vers le présent, l'autre tendue vers l'avenir. Et c'est en tournant le dos aux vérités du jour que le penseur prépare les vérités futures. Mais toute erreur étant une cause de désordre et de mal, l'harmonie ne peut régner dans le monde, l'humanité ne peut être pleinement heureuse que par la possession de la vérité tout entière. C'est l'œuvre du temps, et la vérité ne sera définitivement acquise, elle ne produira tous ses effets que le jour où toutes les erreurs auront été successivement confondues à la lumière de la Science et de la Raison.

Telle est pourtant la puissance de la Vérité qu'il suffirait que cessât de souffler sur les hommes l'esprit de domination avec son long cortège d'hypocrisies et d'injustices, de bassesses et de vanités, pour que subitement se déchirât le voile qui la couvre et que tous les yeux des mortels en fussent éblouis.

Mais chacun veut dominer, et la domination est insupportable à tout le monde. Les âmes les plus hautes la supportent le moins. Ceux-là mêmes qui semblent le mieux s'accommoder de la sujétion, — si j'en excepte les braves gens qu'en de vagues comices, mêlés au troupeau des bêtes couronnées, on voit humbles et fiers recevoir des mains de leurs exploiteurs, sous la forme de médailles de servitude, la consécration de leur déchéance, — ceux-là, dis-je, sont les derniers des fourbes, ne se faisant les courtisans de leur maître que pour mieux surprendre sa confiance, exploiter sa vanité, s'enrichir à ses dépens, et c'est justice, — jusqu'au jour où, après fortune faite, devenus subitement arrogants, ils se vengent de leurs longues humiliations, ou que pris la main dans le sac ils soient honteusement chassés.

Des deux façons le sot orgueil de l'un, la basse cupidité de l'autre les destinaient à devenir, dans leur personne ou dans celle de leurs descendants, pour le plus grand mal de la société et pour le leur, des ennemis irréconciliables. Et pourtant ainsi la morale est vengée.

J'ai dit « pour le plus grand mal de la société. » Il y a pourtant une réserve à faire : c'est que le mal n'est jamais qu'immédiat, et parce qu'il naît toujours de la division des esprits et des cœurs. Mais il est aussi une cause de bien pour l'avenir, tant il est vrai que, quoi que nous fassions en bien ou en mal, le Progrès est la fin de toutes choses. Ainsi se vérifie cette parole de l'Evangile : « Les méchants font une œuvre qui les trompe. »

C'est en effet cette haine du parvenu pour ses anciens maîtres, qui le fait se rapprocher du peuple dont il sort, et qu'au fond il méprise et déteste. Sans remonter plus loin dans l'histoire, c'est pour déposséder la grande et la moyenne bourgeoisie des fonctions électives et des hautes magistratures qu'elles occupaient presque exclusivement, et pour se venger de leurs dédains, qu'après 1871, à côté de quelques républicains sincères, venus de tous les rangs de la société, — il y a comme cela dans tous les partis un petit nombre d'hommes que guide un généreux idéal, mais la foule qui les suit ne s'inspire que de ses intérêts, de ses sympathies ou de ses haines, — nous avons vu la petite bourgeoisie, et surtout les enrichis de la veille, se rallier à la République, se constituer les défenseurs des droits du peuple pour gagner ses suffrages, multiplier les écoles laïques pour le soustraire au joug clérical qui leur faisait ombrage. Et maintenant que ces mêmes hommes, que leur origine ou leur absence de talent destinaient, pour la plupart, à ne rien être dans une monarchie, sont devenus les gros bonnets de la République, qu'ils s'y sont installés en maîtres et qu'ils l'exploitent sans vergogne, ils ne songent plus guère qu'à conserver les positions conquises ; et pour faire obstacle au flot montant des revendications populaires qu'ils ont déchaînées pour parvenir, impuissants d'ailleurs à rien tenir après avoir tout promis, ils n'ont plus qu'une volonté, qu'un désir : enrayer pour se maintenir. Et c'est ainsi qu'ils ne craignent pas de se retrancher derrière toutes les forces de réaction qu'ils combattaient naguère. Combien même voudraient retourner en arrière ! mais il leur faudrait pour cela renier tout ce qui fait leur raison d'être, renoncer à toute ambition politique, retomber sous le joug qu'avec l'aide du peuple ils ont eu tant de peine à secouer, et l'orgueil satisfait est chez eux plus fort que l'intérêt.

Quant à ceux qu'ils ont dépossédés, dans leur ardent désir de reconquérir les positions perdues, nous les voyons à leur tour se faire les plats adulateurs du peuple, emboîter le pas à leurs valets d'hier, qu'ils n'ont pas cessé de mépriser, mais dont ils sentent qu'ils ont besoin pour arriver à leurs fins. Et il ne s'agit plus entre les vaincus d'hier et les vainqueurs d'aujourd'hui que de savoir qui aura tout le gâteau. Car point de partage. Les uns veulent tout conquérir et les autres tout garder. Et de cette division naît leur faiblesse devant l'ennemi commun : le prolétariat qui, à l'ombre de leurs querelles, s'organise, qui n'étant rien veut être tout.

C'est ainsi que pendant que nous voyons au Parlement les modérés s'unir à la réaction pour faire obstacle aux réformes, dans le pays nous assistons à un spectacle tout autre : la réaction s'allier aux partis avancés pour faire échec aux modérés, et ceux-ci adopter la même tactique pour refouler la réaction. Cependant, à la faveur de la liberté de parler et d'écrire, les idées d'affranchissement et de fraternité gagnent chaque jour du terrain dans la partie saine et éclairée de la nation. Les penseurs montrent le but, les hommes de science frayent la route, et dans le monde politique même émergent quelques esprits d'élite qui, animés d'une foi ardente et ne s'inspirant que de leur amour du bien public, mettent toute leur ambition et leur gloire à préparer le triomphe de la justice sociale.

Mais aussi, en attendant, combien sont contre nous, qui pourtant voient le mal, en ont souffert, en souffrent cruellement, ou, sans qu'ils s'en doutent, en souffriront demain, qui n'en veulent point reconnaître les causes, ou qui, à bout d'arguments vous disent : « Certes vos idées sont belles, mais vous ne les verrez point se réaliser. » Et ils passent indifférents ou révoltés, désespérés ou soumis. — Eh ! qu'importe que nous n'assistions pas à la floraison si, ni révoltés ni soumis, jamais indifférents, mais conservant au cœur un espoir invincible, satisfaits d'ailleurs de bien vivre et de faire œuvre de haute humanité, nous trouvons à la préparer notre bonheur et notre récompense !

Quant à moi, l'âme pleine de confiance dans les destinées de l'Humanité, me complaisant en de sereines espérances et vivant par la pensée dans les siècles futurs, d'où seront bannies la discorde et la guerre, où régneront l'harmonie et la paix, où la vieillesse sera honorable et honorée, l'enfance protégée et respectée, où la jeunesse sera préservée des funestes entraînements par les mœurs publiques, où l'Amour sans l'argent présidera seul à l'union des sexes, où la race régénérée dans son corps ne produira plus que des âmes vaillantes pour le Bien et des cœurs généreux, où enfin la considération et l'estime ne seront plus que le prix des services rendus à la collectivité, — j'aime à me représenter les poètes et les prosateurs de l'avenir en face des thèmes nouveaux qu'une société nouvelle leur aura fournis.

Alors auront vécu, parce qu'ils ne répondront à aucune réalité, — telles l'épopée et la tragédie antiques, — le drame et le roman modernes, déjà vieillis, usés, finis comme les hommes et les choses de la société qu'ils peignent, ouvrages évoluant sans cesse dans le même cycle, de l'amour sentimental toujours plus dédaigné à l'amour passionnel ou au conte libertin, avec le piment de l'inévitable adultère, vieux sujets démodés, dont sont las nos esprits blasés, et que sont impuissants à rajeunir les efforts d'une psychologie quintessenciée, non plus que cette invasion de mots confus et barbares, en lesquels l'esprit se perd et par lesquels menace de sombrer le génie de notre race.

Je m'imagine donc les écrivains des générations prochaines, ayant à peindre une humanité nouvelle, devenue consciente d'elle-même, connaissant sa nature et sa fin, mise en pleine possession de la Vérité morale, n'allant plus en aveugle à la poursuite

du bonheur, mais sachant où il est et ce qui le donne ;
je me les imagine mettant l'homme aux prises avec
ce qui lui restera de vices, de défauts, de ridicules,
de vieux préjugés pour l'en guérir, de passions aussi,
non pour les étouffer mais les conduire, et les faire
servir au bien public. Ils nous le montreront em-
ployant tous ses efforts à s'améliorer, attendant de
plus de perfection toujours plus de bonheur, excitant
sans cesse son intelligence à se mieux connaître soi-
même pour apprendre à se mieux diriger. Je les
vois fouillant l'âme jusqu'en ses replis les plus secrets,
dénonçant les tares, mettant à nu les consciences,
disséquant les cœurs par l'analyse comme le scalpel
les corps, dévoilant toutes les plaies morales pour
que chacun reconnaisse les siennes et s'en délivre,
faisant enfin à l'homme une volonté plus active à
mesure que son désir de vaincre sera plus excité.

Car ce qui établira une ligne de démarcation bien
nette entre la littérature d'hier et celle de demain, — si
toutefois nous réussissons à remonter la pente qui
nous conduit au précipice, — c'est que la première,
attribuant à l'homme une fausse liberté, affectant de
voir en lui un être responsable, en réalité s'orientant
de plus en plus vers la glorification des jouissances
matérielles, s'ingéniant à développer et satisfaire une
sensibilité malsaine, tantôt en des scènes de meurtre
ou de carnage, tantôt par des peintures où s'exagère
le mal de vivre, véritable école de vice raffiné et de
dépravation morale, fidèle image d'une société en
voie de décomposition et toujours empressée à lui
servir les plaisirs qu'elle réclame, — concourt dans
son ensemble à l'affaissement des caractères comme à
l'exaltation des désirs inassouvis, et se montre sans

pitié pour l'homme qu'elle flétrit après l'avoir perdu ; tandis que la seconde, contestant à l'homme la liberté morale, mais soucieuse de faire naître en lui le sentiment d'une responsabilité nécessaire, s'inspirant d'autre part d'un généreux idéal, initiant l'humanité aux sereines jouissances de l'esprit et de l'art, se complaisant à célébrer les grands travaux et les vertus de l'homme, ou à chanter les joies et d'aimer et de vivre, mais toujours s'appliquant à montrer le vide des satisfactions purement matérielles et leurs dangers, — préparera, accomplira le triomphe de la volonté consciente sur les bas instincts et les passions déréglées, sans jamais ménager sa pitié à l'être faible qu'elle n'aura pu sauver.

Alors sous l'action d'une littérature vraiment moralisatrice, parce qu'elle s'inspirera de la nature réelle de l'homme, tendant de plus en plus à identifier le devoir et l'intérêt, conviant l'être humain à des destinées toujours plus hautes, on verra cette volonté actuellement si faible, si vacillante, si hésitante, parce qu'entre les mille chemins qui l'attirent, elle ne sait jamais bien celui qu'elle doit prendre, devenir plus forte à chaque étape, plus tenace, plus résistante à la tentation mauvaise, ne laissant pas d'abord de succomber souvent, mais se relevant plus vaillante après chaque défaite, puis triomphant sans effort par l'habitude de la victoire, et du reste, les hommes étant meilleurs et la société mieux faite, ne rencontrant plus d'obstacles en dehors d'elle, toute-puissante alors pour le Bien à force de l'avoir cherché et voulu.

C'est ainsi que la volonté, à l'origine esclave inconsciente de l'instinct et du désir immédiat, puis humble servante de l'intelligence, lui obéissant d'autant plus servilement que celle-ci est plus obscure et qu'elle la convie à des œuvres plus basses, rebelle seulement aux actes généreux quand ils ne procèdent pas de la nature elle-même, à la fin domptée, soumise, se transformera en un auxiliaire de l'intelligence de plus en plus actif et puissant, à mesure que celle-ci étant plus éclairée, l'homme se sera fait une moralité plus haute.

Alors entre l'Intelligence et la Volonté, l'une voyant le Bien, l'autre voulant l'atteindre, il n'y aura plus ni maîtresse ni servante ; mais constituant deux forces étroitement unies et concourant au même but, elles iront, d'un commun effort et d'une marche assurée, à l'affranchissement des corps et des âmes par la conquête de toutes les libertés.

TABLE DES MATIÈRES

TROISIÈME PARTIE

La loi de la solidarité et la loi du progrès, sûrs garants du bonheur universel.

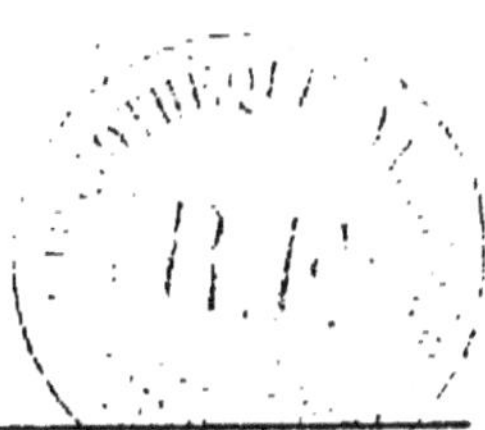

Saint-Amand, (Cher). — Imp. DESTENAY, Bussière frères.